道家秘功八段锦

梁海龙　编著

北京体育大学出版社

责任编辑：吴海燕
责任校对：文冰成
版式设计：李沙沙

图书在版编目（CIP）数据

道家秘功八段锦 / 梁海龙编著. -- 北京 ： 北京体
育大学出版社，2015.11（2024.11重印）
ISBN 978-7-5644-2147-2

Ⅰ．①道… Ⅱ．①梁… Ⅲ．①八段锦－基本知识
Ⅳ．①G852.9

中国版本图书馆CIP数据核字(2015)第288801号

道家秘功八段锦
DAOJIA MIGONG BADUANJIN

梁海龙　编著

出版发行：北京体育大学出版社
地　　址：北京市海淀区农大南路1号院2号楼2层办公B-212
邮　　编：100084
网　　址：http：//cbs.bsu.edu.cn
发 行 部：010-62989320
邮 购 部：北京体育大学出版社读者服务部 010-62989432
印　　刷：三河市龙大印装有限公司
开　　本：710mm×1000mm　　1/16
成品尺寸：170mm×240mm
印　　张：12.5
字　　数：220千字
版　　次：2015年11月第1版
印　　次：2024年11月第12次印刷
定　　价：35.00元

  道家八段锦，运用内家修炼要诀，结合医家真传导引，动作徐缓，劲法内敛，变化轻便，动静相宜，练之可强心安神，培元益气，舒筋活血，防疾祛病。据传，道家八段锦源于全真道"正阳祖师"钟离权（传说"八仙"之一的"汉钟离"）。

　　据传，钟离权在终南山将一身绝学授与吕洞宾。南宋道教学者曾作《临江仙》，词中附注："钟离先生八段锦，吕公手书石壁上，因传于世。"

大约在宋代，道家八段锦开始出现立式，改变了原来单一的坐式练法，令人耳目一新。

道家八段锦在长期流传中，形成了风格不同的多种流派和练法不同的多种秘功，精彩纷呈。

　　坐功八段锦融汇了坐盘、吐纳、运气、导引、按摩等内功秘法和医家手法，道家丹士多练之，用以配合内家静功的修行。

道家八段锦以武当派功法最多，影响最大。

昆仑两仪八段锦、峨眉养生八段锦，是道家比较珍稀的两种秘功。

道家八段锦秘功，多由道师口传身授，鲜有完整图谱，外世难窥全貌。

前 言

（一）

八段锦是我国一种非常古老、实用的养生精功，其功法简绝，易学易练，架式优美，动作独特，功效显著，有"功中之锦""养生之宝"的美誉。

八段锦，又名"八段劲""八锻筋""八锻劲"等，共有八段练法。"八段锦"是其惯称，也是其美称。"锦"由"金""帛"组成，锦为丝织品，暗喻此功柔韧、连绵、精美、华贵。

八段锦究竟是何时、何人所创，至今没有定论。世人习练八段锦的记载，最早见于南宋洪迈《夷坚志》："政和（徽宗）七年，李似矩为起居郎……仿方士熊经鸟伸之术，得之甚喜……尝以夜半时起坐，嘘吸按摩，行所谓八段锦者。"

据多方考证，八段锦在南宋时传习很广，但关乎练法，文献大多语焉不详，而且各自有异。元、明以来一直未见完整图谱。

时至清末，方有《新出保身图说·八段锦》，既有歌诀，又有绘图，刻版付印，首次传播了较为完整的练法。其诀曰："两手托天理三焦，左右开弓似射雕；调理脾胃须单举，五劳七伤往后瞧；摇头摆尾去心火，背后七颠百病消；攒拳怒目增气力，两手攀足固肾腰。"现代流传的很多八段锦，大都借鉴此谱而有所发挥。

八段锦经过历代传习者的不断实践，演化成了多种流派，而且精品甚多，至今盛传不衰。

（二）

八段锦从其功劲上讲，大致可分为少林、峨眉、武当、道家等几大流派。

少林八段锦，"延年佑寿，力大混元"，沿袭少林宗风，融汇外家武功，架式威猛，动作有力，多显阳刚，自有其强。其著名功法有：韦陀八段锦、金刚八段锦、达摩八段锦、罗汉八段锦、武穆八段锦等。

峨眉八段锦，"刚柔济，自然神；气力足，心意欣"，内外兼修，刚柔相济，练养结合。其著名功法有：药王仙功八段锦、内家水洪八段锦、化拳无极八段锦、岳门秘宗八段锦、混元一气八段锦、黄林柔架八段锦等。

武当八段锦，贵养、尚气、法柔，重温养，以养积健，以意行气，以气运身，动作柔和，劲力内敛，独具内家风采。其著名功法有：内家通臂八段锦、鹤门仙功八段锦、先天乾坤八段锦、妙真小架八段锦、南派岳家八段锦、八仙正宗八段锦等。

道家八段锦，"常修习，入仙门"，运用内家修炼要诀，结合医家真传导引，架式舒和，动作徐绵，劲法内敛，变化轻便，动静相宜，练之可修身养性，强心安神，培元益气，舒筋活血，防疾祛病，延年益寿。其著名功法有：丹房修真八段锦、秘传洗髓八段锦、武当太乙八段锦、武当玄武八段锦、武当纯阳八段锦、昆仑两仪八段锦、峨眉养生八段锦、道家钟离八段锦、道家隐真八段锦等。

编者长期从事武术教学指导与武术文献整理工作，多方联系和请教道家诸派名师，并收集相关理论及技术资料，经多年努力完成本著，不当之处，恭请指正。

（三）

八段锦虽然练法不一，姿式有异，但万变不离其宗，其健身养生要旨和功效是一样的。

1. 导引肢体，调畅气血

八段锦动作，柔和缓慢。柔和缓慢的运动能让生命机体充分地自然放松，更好地发挥人体自身的调节功能，因而有利于机体的全面康复。

八段锦导引肢体、调畅气血的原理是：通过对外在肢体躯干的屈伸、俯仰和内部气机的升降、开合，使全身筋脉得以牵拉舒展，经络得以畅通，从而实现"骨正筋柔，气血以流"。

通过练习八段锦，人体血管弹性明显改善，心肌收缩更加有力，迷走神经的兴奋性进一步增高，血管的充盈度和节律性更强。

2. 松紧结合，增进协调

松紧结合、动静相兼，是八段锦的一个显著特点。它要求练功时松中有紧、松而不懈、紧从松来、柔和拔抻。

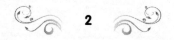

紧只是动作中的一瞬间，而松是贯串动作过程由始至终的。这种松与紧的密切配合和频繁转换，有助刺激调节机体的阴阳协调能力，流通经气，活血化瘀，滑利关节，强筋壮骨。

从现代运动科学的角度看，这是一种小负荷的运动应激。应激是指全身性非特异性的反应，当机体受到各种内外因素刺激的时候，会产生适应性调节，从而影响各种机能与代谢状态。良性的、柔和的、持续的应激，可调动全身各脏器组织的储备潜能，提高机体免疫能力与防病能力。研究结果表明，习练八段锦对血压、心率、血糖、甲状腺功能等具有调节功能，从而增强机体的适应能力和预防疾病的能力。

3. 松静自然，调摄精神

八段锦动作柔和，大多是以外动的伸展开合为主，但讲究内外兼修，内外合一。要求排除杂念，意念集中，神与形合，呼吸自然，气寓其中。

八段锦追求"身心和谐"，是身心一体式的养生功法，尤其在练习"坐式八段锦"时，更为突出对心意、情志的调摄。

4. 功从桩出，强心抗衰

八段锦的基础姿式乃是站桩（主要指站式八段锦）。站桩是健身功中常见的调身手段，要求意静神宁、舒适得力、轻松自然，是一种很好的强身健体方法。

站桩有利于血液的回流和经气的布散。俗话说："人老先从腿上老。"上阶腿软、走路乏力等，都是人体衰老的先兆。持续适度的站桩无疑可增强下肢的力量和平衡能力，以抗衰老。

站桩有利于促使下半身血流加速回流到躯干和头颈，从而增加心、脑、肾等重要器官的血液循环，预防心脑血管疾病。

5. 脊柱为轴，整体调节

八段锦锻炼的中心部位在脊柱，要求重心上下左右不断转换，并力求身体平衡，动作连贯相随。同时要求所有动作需通过一个中心，即脊柱来指挥，也就是说要通过腰脊活动来带动四肢。

脊柱是人体运动的枢纽，具有支撑身体、保护内脏的功能，同时由于脊柱两侧分布着支配肢体脏腑的全部神经根，因此又被称为人体的"第二条生命线"。八段锦通过对脊柱的拉抻旋转，刺激疏通任、督二脉，从而起到了整体调节、牵一发而动全身的锻炼效果。

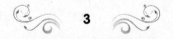

6. 强化脏腑，疏通经络

八段锦的功法符合人体生理学原理，且与中医学的基本理论关系密切。

"两手托天"之类动作，通过上托下落、对拉拔抻，一可调理"三焦"，有利于元气与水液上下布散，对人体脏腑发挥滋润濡养作用；二有利于肺部的扩张，使呼吸加深，吸进更多氧气，显然对消除疲劳有一定作用。

"左右开弓"之类动作，有利于抒发胸气、消除胸闷、疏理肝气、治疗胁痛。

"左右升降对拉"之类动作，符合"脾主升清，胃主降浊"的原理，能够牵拉腹腔，对脾胃肝胆起到很好的按摩作用，有助于消化吸收。

"扭头旋臂"之类动作，可以调整颈椎，同时刺激胸腺，从而改善大脑对脏腑的调节能力，促进自身的良性调整，增强免疫功能，消除亚健康。

"头部反复左右转动，眼睛尽量往后看"之类动作，对活跃头部血液循环、增强颈部肌肉和颈椎活动有较明显的作用，而且对消除大脑和中枢神经系统的疲劳及一些生理功能障碍也有促进作用，按中医理论谓之可防治"五劳七伤"。

"马步攒拳，怒目瞪眼"之类动作，可激发大脑皮层和植物神经兴奋性，增强气力。

"前屈后伸，双手按摩，两手攀足"之类动作，可使督脉和足太阳膀胱经等得到充分拉伸，可使腰肌得到到锻炼，又能增强全身机能。

"上身前俯，尾闾摆动"之类动作，可使"肾水得升、心火得降，心肾相交而水火既济"。

"提踵颠足"之类动作，外可舒缓筋骨，内可按摩五脏六腑，有谚语说："百步走不如抖一抖"，所以有"消百病"的功效。

7. 运动适量，小劳防疾

从运动强度来看，八段锦属于中小强度的有氧运动。

唐代养生大家孙思邈在《千金备急要方》中提到："养性之道，常欲小劳，但莫大疲及强所不能堪耳。且流水不腐，户枢不蠹，以其运动故也。""小劳"是八段锦健身养生的一个重要特色。

古往今来，因大疲至劳而病者比比皆是，积劳成疾，早衰相随，中道夭亡者也不乏其人。因此，对小劳之术不可等闲视之。八段锦就是一种运动量适中的小劳之术，持之以恒，其保健的功效是十分理想的。

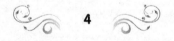

目　录

 丹房修真八段锦

丹房修真八段锦，是古代道人于丹房之中修炼的一套功法，也是内丹术修炼的入门筑基之法。

【总　诀】

丹房八段锦，身端体松沉。

闭目冥心坐，握固静思神。

叩齿三十六，两掌抱鼎炉。

左右鸣天鼓，二十四度闻。

微摆摇天柱，赤龙搅水津。

鼓漱三十六，神水满口匀。

一口分三咽，龙行虎自奔。

闭气搓手热，背摩后精门。

尽此一口气，想火烧脐轮。

左右辘轳转，两脚放舒伸。

叉手双虚托，低头攀足频。

以候神水至，再漱再吞津。

如此三度毕，神水九次吞。

咽下汩汩响，百脉自调匀。

河车搬运毕，想火烧全身。

邪魔不能近，梦寐不能昏。

寒暑不能入，灾病不能侵。

子后午前作，造化合乾坤。

循环次第转，八卦是良因。

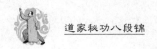

第一段　闭目冥心坐，握固静思神

【练　法】

盘腿端坐，轻闭两眼，舌舐上腭，摒除心中杂念，调息（轻细无声）10分钟。坐姿要求身体正直（脊梁挺直，腰不可软），不可前俯后仰。（图1-1）

【注】

（1）握固的方法是，大拇指掐于无名指的根节处，其余四指向掌心握拢。

（2）静思。练功之前，先微闭目观想周围空洞无物，然后将身心全部放松下来，越松越好，观想自己如水晶珠子，晶莹透明。一呼一吸通至全身任何一个部位，任何一个细胞，全身通透无有滞碍，最后全身置于虚空一片。呼吸绵绵细长，任其自然，好像整个虚空在呼吸。冥心静坐后不可再观想，切记！

图1-1

第二段　叩齿三十六，两掌抱鼎炉

【练　法】

（1）缓缓睁开双眼，上下牙齿相叩作响36次。（图1-2）

叩毕，将两手相叠抱住小腹（丹田）处，而吸气就好比气筒打气，小腹随之缓缓膨胀。同时，吸气的时候，要感觉到自己的精神意识与两眼之光，随吸气皆被吸入丹田。所以，凡吸气时，两眼也要缓缓闭上。但必须注意的是：要以呼吸引导意识，而不是用意去领气，此为大要！

（2）吸气时，两眼闭上，舌放下。呼气时两眼睁开，舌舐上腭。（图1-3）

需要注意的是，每一次呼吸皆要匀细柔和、深长缓慢，直到两耳听不到自己的呼吸之声，仅能感觉到而已。第一次练功只能呼吸9次，之后每天增加1次，循序渐进，直至180次呼吸，共计360次动作，以应周天之数，不可再增加。随着功夫的加深，要感觉到呼吸开合完全是在丹田进行，而鼻子、气管好像只是形同虚设。此时，切不可生恐惧心，宜心平气静，唯一开一合而已，此即"体呼吸"。

【注】

鼎炉——道家术语，即丹田。

图1-2

图1-3

第三段　左右鸣天鼓，二十四度闻

【练　法】

（1）上式毕，呼吸9次。两掌相贴搓热后掩住两耳，以掌心劳宫穴对耳孔，中指按住后脑玉枕穴部位。（图1-4）

（2）食指叠于中指之上。（图1-5）

（3）随即，食指用力敲下，弹在后脑上，状如击鼓（此即养生术语之"鸣天鼓"），左右同时弹击24次。（图1-6）

（4）放下双掌于丹田前，两手相握成空心拳。然后，颈部缓缓向左右扭转，肩也随之左右摇摆，各24次。头扭向哪一边，双眼就注视哪一边。实际上是先扭

头，带动颈部、脊柱从上向下逐渐扭动。（图1-7~图1-9）

图1-4　　　　　　　图1-5　　　　　　　图1-6

图1-7　　　　　　　图1-8　　　　　　　图1-9

【注】

天柱——就是后颈，颈椎统称"天柱骨"。（图1-10）

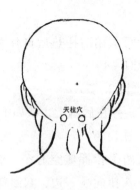

图1-10

第四段　赤龙搅水津，鼓漱三十六

【练　法】

（1）静心瞑目盘坐，两掌抱太极印于丹田前，用舌头在口中上下左右搅动，顺时针 18 次，逆时针 18 次，使口腔内口水（即津液）逐渐增多，然后在口中鼓漱（好像口中含水漱口一样）36 次。（图 1 - 11～图 1 - 14）

（2）口中津液满后，再鼓漱 36 次。

（3）将津液分作 3 次咽下，吞咽时，有如吞食物，喉间要汩汩有声。

图 1 - 11

【注】

（1）神水——即津液（舌在口中搅动出的口水）。

（2）赤龙——即舌。

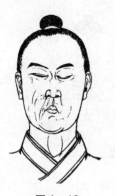

图 1 - 12

图 1 - 13

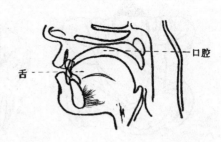

图 1 - 14

第五段　闭气搓手热，背摩后精门

【练　法】

（1）盘坐姿势不变，吸气一口，闭住不呼出，两掌互搓至发热。（图1－15、图1－16）

（2）待两掌热似火烫之际，分开摩擦腰部肾俞穴（精门）部位，反复练36次。做完后收手握固。（图1－17～图1－19）

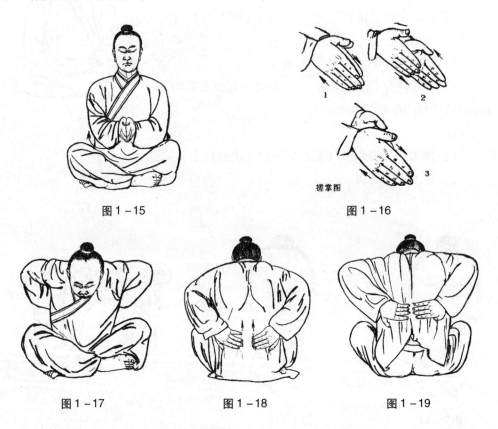

搓掌图

图1－15　　　　　　　　　　　　　　　图1－16

图1－17　　　　　　　　图1－18　　　　　　　　图1－19

【要　点】

行功过程中，用鼻均匀细长地吸气。同时，随着吸气舌舐上腭，两眼随吸气缓缓闭上，要感觉到气从山根（即鼻梁）吸入，上明堂，透泥丸，沿督脉下行至背部夹脊，再稍稍往前一送，由脊前心后之两脉顺势溜下，直至两腹腰肾处，也即两掌所放之处。随着吸气，腰两侧向四周膨胀。然后闭气不动，以两掌摩擦腰肾一次。之后，呼气。呼气时两眼缓缓睁开，舌慢慢放下来。必须注意，凡吸气时，要感觉到自己的精神意识与两眼目光随吸气也被吸入督脉而下行至腰。此乃重点，不容忽视。此与第二段的要领一样，不同的是吸气舌舐上腭，呼气时舌放下，而第二段功相反。

以上第一次练功只可练 36 次，之后每天或两天增加 1 次，到 180 次止，不可再增加。

【注】

精门——即后腰命门穴两边软处，肾俞穴。（图 1-20）

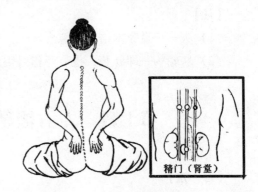

精门（肾堂）

图 1-20

第六段　尽此一口气，想火烧脐轮

图 1-21

【练　法】

两掌抱于丹田前，意想有一轮太阳从海底（会阴穴）上升至丹田，其色鲜红，明亮如清晨所见之红日，火热无比。然后吸气将外面阳气吸入丹田，并增其火力与光辉，直至整个丹田。吸气之同时，舌放下，两眼缓缓闭上，感到精神意识与两眼目光随吸之力，皆被吸入丹田，与气和在一起。凡吸气之后，即行停气之功，意想太阳光芒增强变大。待气吸满之后即呼气，呼气时两眼睁开，舌舐上腭，意想太阳之火自丹田透过阴跷、尾闾、夹脊而进入脑户。吸气时须提会阴、撮谷道。（图 1-21）

以上第一次练功只可练36次，之后每天或两天增加1次，到180次止，不可再增加。

丹田并不是一个点，而是一片，一个区域。以意引导，即心中暗想之意。初学者若是气不会行，可用手指点在脐下，以加强条件反射，练习既久，气自会下行。

【注】

（1）火——道家术语，即意念。

（2）脐轮——即肚脐，也有泛指丹田之意。

第七段　左右辘轳转，想火烧全身

【练法】

（1）接上式。待丹田火热后，随吸气火力益增，"太阳"亦变大，直至整个丹田。如此修炼至身体仿佛一个火红的太阳。

（2）右掌按住丹田部位，左臂弯曲反掌按住腰背肾俞部位，上身前俯，左臂以肩为轴，肘部顺时针画圆转动，连肩圆转（似摇辘轳状）36次，摇动时，左掌随肩肘摇动而揉摩腰背部。（图1-22、图1-23）

（3）再以右掌依法行之，动作方法及要领与左掌相同，唯方向相反。

（4）功毕，收两掌于丹田前结太极印，调匀呼吸。（图1-24）

图1-22

图1-23（背面图）

图1-24

【注】

（1）意念的具体方法见上段功法，唯在呼气时，想象丹田太阳变大、热力增加、双肩转动一次。吸气时，身体不动，唯两眼微闭。呼气时两眼睁开。以上第一次练功只可练36次，以后每天或两天增加1次，到180次止，不可再增加。

（2）早晨可面对东方练功。晚上可面对月亮练功，练功时则意想自己是一轮明月，所吸之气如月光般清澈，这样可以阴阳互补，否则有遍体火热之患。

第八段　叉手双虚托，低头攀足频

【练　法】

（1）接上式。全身放松，呵气6次，以散邪火。（图1-25）

（2）两腿自然前伸，两掌十指交叉，反掌向上托。托时要用力，好似向上托举重物一般，托后缓缓放下，按住两膝，两臂伸直，连续上托9次。（图1-26、图1-27）

图1-25　　　　　　　图1-26　　　　　　　图1-27

3. 低头，上身前俯，缓缓向前压动，使两膝弯韧带有酸胀感即可。（图1－28）

4. 两手向前伸，手指攀住脚趾，低头俯身，使头缓缓向前伸，直至头抵贴于攀住两脚趾之手背而止。（图1－29、图1－30）

5. 身体缓缓收抬还原。（图1－31）

6. 上述动作反复行做共36次。用力扳两足掌，扳时身体向前倾，头向下低，做完后仍收腿盘膝而坐，收手结太极印抱于丹田前。（图1－32）

图1－28

图1－29

图1－30

图1－31

图1－32

以上第一次练功只可练36次，之后每天或两天增加1次，到180次止，不可再增加。行功毕，舌舐上腭，闭目静坐，待津液满口时，鼓漱36次，做3次咽下。共行3次，计9口，即"如此三度毕，神水九次吞"。

第二章 秘传洗髓八段锦

洗髓八段锦，也称"真人坐起法"，道家秘修之功。全套功法融坐功、吐纳、导引、按摩于一体。练法独特，细腻多变，长期修炼，可除邪祛病，益寿延年。

【总 诀】

发多梳，面多擦。目常运，耳常弹。

舌舐腭，齿数叩。津三咽，浊宜呵。

背宜暖，胸常护。腹宜摩，谷道撮。

肢常摇，足心擦。肤干浴，便勿言。

养生道，动与静。调气血，筋骨强。

常运动，善用方。真法诀，永莫忘。

【要 点】

1. 姿 势

洗髓八段锦可以坐在床或椅子上做，也可躺卧着做，因时、因地、因人制宜。但无论是坐着或卧着按摩，最好裸身进行（或上体、四肢裸露进行）。如果平时坚持锻炼，身体健康情况又好，则可以在寒冷时仍坚持裸身练。这样练，不仅能收到按摩之效，而且还能起到一定的空气浴作用。如果平时缺乏锻炼或身体健康情况不好，不能适应寒冷的刺激，则可以躺在被窝内做。这时有些动作不能做，或做不好（如搓脚心、摩腿等）也无妨。坐或卧要根据个人健康情况而定，不可勉强，否则会引起伤风、伤寒等病，对身体反而不利。卧着做时，"头部功"要仰卧抬着头做，搓脚心要穿好衣服坐起来进行，搓腰眼则可侧卧轮流用一只手搓。

2. 意 念

坐好或仰卧好以后，即排除杂念，耳不旁听，目不远视，心静神凝，意守丹田。

3. 呼 吸

姿势和意念调整好了之后，即可进行几次深长细匀呼吸。呼吸多用顺腹式。

　　腹式呼吸主要有两种。一种是吸气时腹部凹下，同时胸部外鼓，这叫作逆腹式呼吸；另一种是吸气时腹部凸出，同时胸部内缩，呼气时则腹部内收，这叫作顺腹式呼吸。这两种腹式呼吸都可用，但初学者最好用顺腹式呼吸，因为逆腹式呼吸比较强烈。

　　呼吸时舌舐上腭，用鼻吸气，用鼻呼气，口要闭上。如此呼吸八九次（一呼一吸为一次，以下同此）。呼吸时，要逐渐做到徐缓细匀，绵静悠长，以适应自然、轻松愉快为度。

　　初练此功时，可以先呼吸 3~5 次，然后量力逐渐增加次数。如愿多练，还可以每天增加 3 次，逐渐增加到每次练功呼吸 81 次以上。但在增加次数时，必须根据个人身体健康情况，循序渐进。特别是体弱和多病的人，更应慎重，否则由于呼吸时横膈肌上下激烈起伏运动，可能伤及内脏。

　　呼吸时，要求室内空气清新畅通。如果室内空气不好，则可以暂不做深呼吸，而直接做八段锦动作。做完动作，穿衣起床后，可到空气清新的地方补做。

　　深长呼吸做完以后，在做坐式八段锦或立式八段锦时，呼吸始终要保持自然，不必刻意强求。

第一段　干洗揉摩促循环

【歌　诀】

遍体揉摩干沐浴，雨露化春万物理。

揉摩推捏渐次行，舒经活络驻容宜。

自手臂头眼耳鼻，摩腹搓胸多揉脐。

推搓腰肾加捶骶，捋推双腿揉摇膝。

扳趾揉腰拉筋意，搓热脚心拍跟底。

旋颈扩胸并举臂，脚心至少八十一。

凡所浴处皆数九，返老还童不为奇。

这段功为了便于掌握，细分为 8 小段。这段功有促进血液循环、畅通经脉的功效，能灵活四肢关节，助长肠胃蠕动。做完这段功之后，全身顿感舒适，精神爽快，效果非常明显。

【练　法】

1. 浴手法

两掌搓热（如洗手动作），左掌紧握住右掌背用力摩擦一下，接着右掌紧握住左掌背摩擦一下，相互共摩擦 81 次（一左一右为 1 次）。（图 2-1、图 2-2）

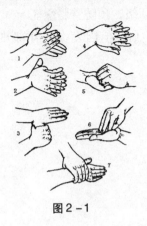

图 2-1

图 2-2

【要 点】

掌指部与脏腑有着密切的关系，掌指部揉搓可起到点穴按穴作用，调理五脏六腑、全身经络。

2. 浴臂法

右掌紧按左腕内侧，然后用力沿臂内侧向上擦到肩膀，由臂外侧向下擦到左掌背。如此往复共擦81次（一往一复是一次）。（图2-3、图2-4）

图2-3

图2-4（侧面图）

然后用左掌如上法擦右臂81次。

【要 点】

臂部有3个重要关节，正当经脉的要道，故稍有不适，就会影响全身活动。浴臂法能促使关节灵活，预防关节发炎，并能通经活络，预防臂膀酸痛。

患寒臂痛者，可加做此功，次数可增加到一倍。但因发炎而臂部热肿痛者，不可做此功。

3. 浴头法

（1）两掌相贴来回搓擦至发热。（图2-5、图2-6）

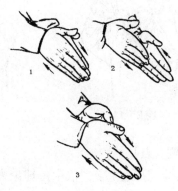

图2-5　　　　　　　　　　　　　　图2-6

（2）两掌按住下颌，食中二指按住鼻翼，沿鼻上推至前额；稍用力向两旁分开下擦到下颌；再翻向头后两耳上，轻轻擦过头顶，还到前额。这是1次，共擦81次。（图2-7~图2-9）

图2-7　　　　　　　　图2-8　　　　　　　　图2-9

（3）用十指指肚或指甲均匀地轻揉整个头部的发根10~20次。然后，用两拇指由太阳穴附近向头上部捋，捋至头顶后，即十指靠拢向下捋，捋到项部，算作1次。这样捋81次，有助于降低血压。如血压过高，可加捋360次左右。（图2-10~图2-13）

图2-10

图2－11

图2－12

图2－13

【要　点】

头为一身之主宰，依中医理论来说，是诸阳所会，百脉所通，因此要特别注意加以养护。浴头之法，可以促进诸阳上升，百脉调和，气血不衰，故久做浴头之法的人至老面色红润，不生皱纹。

毛发的毛囊和血管末梢相连接，轻轻揉发能改善头部末梢血液循环，既能疏散血液过多的充血现象，有助于防止脑出血，又能引血上行，克服脑贫血等症。又由于揉发能直接活跃其生理机能，所以常揉发还有可能使落发重生。

4. 浴眼法

（1）眼部穴位（图2－14）。

（2）用两手拇指分按两侧太阳穴旋转揉动10次，再向相反方向揉动10次。然后，食指屈曲，用食指的第一节凸内侧贴住攒竹穴刮至丝竹空穴；继而伸指以食指第一节凸贴住睛明穴，沿下眼眶刮至童子髎穴。此为1遍，反复练习36遍。（图2－15、图2－16）

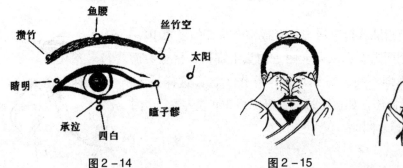
图2－14

图2－15　　　　图2－16

（3）放下双掌，进行双掌互搓，至掌心发热。（图2－17）

（4）将掌心按在两眼上，双掌作顺逆时针揉动各81次。（图2－18）

（5）用掌棱揉眼角及太阳穴，顺逆时针各81次。（图2－19）

图2－17　　　　　　　　图2－18　　　　　　　　图2－19

（6）再以四指按住额头，以拇指肚抵住上眼眶之攒竹穴，揉按81次。（图2－20）

（7）继用两手食指按住睛明穴，揉摩81次。（图2－21）

（8）又用两手食指揉按承泣穴81次。（图2－22）

图2－20　　　　　　　　图2－21　　　　　　　　图2－22

【要　点】

按中医理论，眼的功能与五脏有关，所以有肾病的人，其瞳子多昏暗。坚持浴眼可使眼部气血畅通，眼肌保持丰满。此外，对预防近视和远视也有一定作用。

太阳穴附近毛细血管非常多，揉动此处可以通经活络，抵抗风寒侵袭。揉后使人感到特别舒适，有助于治疗头痛、头昏。

5. 浴鼻法

（1）用两手中指按压两鼻翼旁的迎香穴，吸气闭住后行之，揉按点压 36 次。（图 2 - 23）

（2）食中二指相并，用指腹按压鼻翼，按住时吸气，放松时呼气，如此 36 次。（图 2 - 24）

（3）两手食中二指相并，用指腹沿鼻梁骨两侧上下往返用力擦 36 次（上擦到眼下部，下擦到鼻孔侧迎香穴）。冬天或天气骤冷时可增到 81 次。擦鼻时，两手可以一同向上或向下擦，也可以一手向下，另一手向上交叉来擦。一上一下为 1 次。（图 2 - 25）

图 2 - 23　　　　　　图 2 - 24　　　　　　图 2 - 25

【要　点】

擦鼻两侧，可使鼻腔血液畅通，温度保持正常，从而可使吸进的氧气变温，使肺脏减轻受冷空气的刺激，自然有助于免除咳嗽，防止感冒。

6. 浴胸法

（1）推胸肋：先用右掌按在右乳部上方，掌尖向下，用力推到左大腿根处；然后再用左手从左乳部上方同样用力推到右大腿根处。如此，左右手交叉进行，各推十几次。（图 2 - 26、图 2 - 27）

图 2 - 26　　　　　　　　　　　　　　图 2 - 27

　　卧做可先把右掌按在左乳部，掌尖向上，用力擦到右大腿根部，然后把左掌按在右乳部，掌尖向上，用力擦到左大腿根部。一左一右为 1 次，可连续擦 81 次。

　　（2）揉胸肋：用右手掌紧贴于左胸部，沿锁骨下方胸大肌由内向外揉按，顺序由上而下，一直到肋间隙，力量适当均匀。如此往返持续 10 ~ 20 遍，以局部有酸胀或舒适感为宜。（图 2 - 28）

　　（3）拿胸肌：一手拇指紧贴胸前，食指、中指紧贴腋下，相对用力提拿，在提拿操作过程中配合呼吸，一呼一吸，一提一拿，手法缓慢而有节奏，由内向外，一般 10 ~ 20 次为宜。（图 2 - 29）

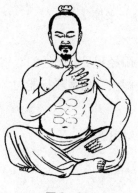
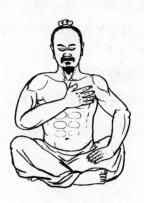

图 2 - 28　　　　　　　　　　　　　　图 2 - 29

（4）擦胸肋：用右掌大鱼际和小鱼际，紧贴胸部表面皮肤，从内向外，沿肋间用力往返摩擦，但用力不宜过度，防止擦破皮肤，擦到局部发热为度。（图2－30）

（5）拍前胸：用右掌，五指微屈，以掌心拍击胸部，拍击时呼吸要均匀，切勿屏气，力量适度，不宜太重，连续拍击20～30次。（图2－31）

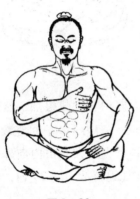

图2－30

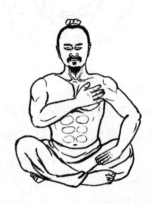

图2－31

7. 浴腿法

（1）两手先紧抱一侧大腿根，用力向下擦到足踝，然后擦回大腿根。如此上下来回擦81次（一上一下为1次）。两腿擦法相同。（图2－32～图2－34）

（2）对这种擦法如感觉不便，也可大腿小腿分开来擦。

【要　点】

腿是负担上体的骨干，有3个关节，且是足三阳经和足三阴经的经络要路。因此，浴腿功可使关节灵活，腿肌增强，有助于防止腿疾，增强步行能力。

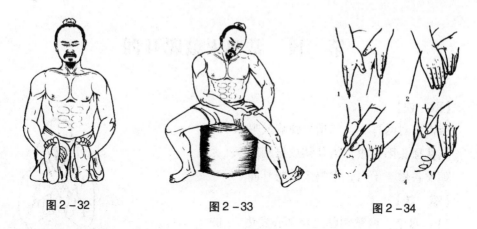

图 2－32　　　　　　　　图 2－33　　　　　　　　图 2－34

8. 浴膝法

两手掌心紧按两膝，先齐向外旋转 81 圈，继向内旋转 81 圈。平时也可常对膝关节进行按摩。（图 2－35、图 2－36）

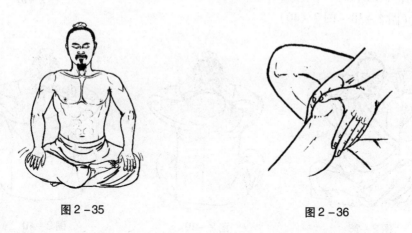

图 2－35　　　　　　　　　　　　图 2－36

【要　点】

膝关节在人体活动时承受重量最大，而且多横纹肌和软骨、韧带组织，血管的分布较少，故最恶湿怕寒，也容易发生劳损。如能经常左右揉擦，则可增高膝部温度，驱逐风寒，灵活筋骨，从而增强膝部功能，有助于防止关节炎等症。

第二段　常鸣天鼓聪耳闻

【歌　诀】

劳宫穴对两耳心，二指轻弹响鼓鸣。

敲枕搔头阳穴激，捂耳猛放振脑欣。

朝夕各做三十六，常鸣天鼓聪耳闻。

【练　法】

（1）盘坐，两掌相贴搓至掌心发热。（图2－37）

图2－37

（2）两掌心紧按两耳孔，两食指按在中指上弹指轻击后脑枕骨（小脑部），使耳内有如击鼓之声。弹指敲击共36次。（图2－38～图2－40）

图2－38

图2－39

图2－40

（3）掌心掩按耳孔，手指紧按后脑枕骨部不动，再骤然抬离，这样连续开闭36次。（图2－41、图2－42）

图 2-41

图 2-42

（4）最后，两中指或食指插入耳孔内转动 3 次，再骤然拔开，这算 1 次，共进行 12 次。（图 2-43、图 2-44）

【要 点】

两耳内有前庭等神经装置直通大脑，故通过开闭使两耳鼓膜震荡，可以加强听觉，预防耳疾。

图 2-43

图 2-44

第三段　旋转眼球睛生辉

【歌　诀】

端坐正首旋双睛，左顾右盼生光辉。

三才五行阴阳鱼，久练至老目不昏。

【练　法】

1. 定穿眼

端坐凝神，头正腰直，两手掌按放于膝盖之上，先闭目调神，继而睁开双眼，圆瞪二目，盯住正前方一个目标不动，好似要看穿目标一样。（图2－45、图2－46）

图2－45　　　　　　　　　　　　　图2－46

2. 上下晃眼

头部不动，双眼圆瞪，眼球平行看上方的极限角度。定一会儿再下移，下移到最低角度。上下反复练习9次。（图2－47）

3. 左右晃眼

头部不动，双眼圆瞪，眼球平行左转，看左侧的极限角度。定一会儿后，迅速平行右转。左右反复练习9次。（图2－47）

4. 旋　眼

头部不动，沿双眼边缘所能看到的极限角度，按顺时针或逆时针的方向做圆

形旋眼动作。(图 2－47)

双目上下、左右、前后各旋转 9 次,每间隔闭目 12 下。当双眼缓慢转向上、下、左、右 4 个方向时应用力,眼内如有酸胀感觉,则应闭目休息。(图 2－48)

图 2－47

图 2－48

【要　点】

(1) 环境要安静、清洁,避免阳光直射,最好在松柏常青、风景秀丽的地方练习。

(2) 头要正,身要直,舌舐上腭,下颏内收。

(3) 每个动作练完后,可休息一会儿,也可配合按摩。

【眼部按摩 (图 2－49)】

(1) 手指并拢置于前额中央,然后由内而外拉开滑动至太阳穴,并点按太阳穴。

(2) 双手拇指托住下巴作支撑,余指并拢,放在鼻翼两侧,慢慢向外侧滑动至太阳穴,并点按太阳穴。

(3) 双手握拳,手心向外,以拳头的手背处置于眼睛下方,按压四白穴。

(4) 双手握拳,用食指由内眼角到外眼角轻刮眼眶,放松眼周肌肤。

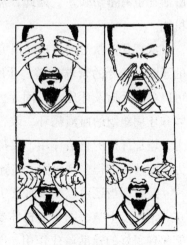

图 2－49

第四段　叩齿固肾驻容颜

【歌　诀】

晨起叩齿三百响，强肾坚骨更固齿。

五脏六腑精神旺，百炼金刚凝神思。

【练　法】

（1）心静神凝，摒弃杂念，全身放松，口唇微闭，心神合一；轻闭双目，然后上下牙齿有节奏地互相叩击，铿锵有声。刚开始锻炼时，可轻叩 20 次左右，随着锻炼的不断进展，可逐渐增加叩齿的次数和力度，一般以 36 次为佳。力度可根据牙齿的健康程度量力而行。（图 2－50）

图 2－50

（2）叩齿完毕，再行左右磨牙。

【要　点】

牙齿不仅是骨的末梢，同筋骨有直接关系，而且同胃、肠、脾、肾、肝等内脏活动也有密切联系。因此，经常行此功，可以增强牙齿功能，促进消化系统的机能。

从现代医学对牙齿功能研究的认识来看，牙齿的牙腔内有由血管等组织构成的牙髓，是牙的营养通道。牙所需要的营养在血液里，叩齿产生的生理性刺激，可以震动牙髓及牙床，巩固牙齿和牙周组织，兴奋牙神经、细胞和血管，促进牙体和牙周组织的血液循环，改善牙齿的营养供应，增强牙周组织的抗病和再生能力，增加牙齿的自洁作用，发挥类似咀嚼运动形成的刺激，提高牙体本身的抵抗力，使牙齿变得坚硬稳固、整齐洁白，有益于口腔健康。

经常叩齿还可以使咬肌及牙龈保持和增强机能，并维持其一定体积的充盈度，在一定程度上减缓因年老机体萎缩造成的凹脸。已经有牙病的患者，经常叩齿也能起到很好的辅助治疗作用。叩齿时，嘴、舌充分活动，血液循环加快，这对延缓面部皮肤衰老大有裨益。

第五段　赤龙搅海漱吞津

【歌　诀】

赤龙搅海漱吞津，金津玉液龙虎行。

舌下玄膺津源泉，一口三咽下丹田。

晨夕勤作身体健，驻颜益寿兼延年。

【练　法】

闭目冥心端坐，将舌尖反卷点住舌根下的玄膺穴，片刻即有口水满口，再用两腮和舌做漱口动作，漱36次，漱口时，口内多生津液（唾液）。等津液满口时分3口慢慢下咽。

初练时可能津液不多，即可用舌头在口腔内搅动，包括齿龈内外的整个口腔，反复搅动，口内津液自然生出。（图2－51、图2－52）

图2－51　　　　　　　　　　　　　　　　图2－52

【要　点】

此段与叩齿一段是相辅相成的，叩齿时口腔内就会产生口水，鼓漱主要是为了使口内多生津液，以助消化。生理学研究早已证明，唾液有解毒免疫和帮助消化的功能。古人非常重视津液的作用，因此造字时取意"舌上的口水"为"活"字，这是很有道理的。

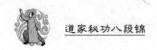

第六段　揉搓腰肾固元精

【歌　诀】

揉搓肾腰固元精，椎骨中轴系命门。

三阳经脉由此行，肾水充盈返童贞。

早晚分行九九数，丹转还阳至大成。

【练　法】

搓揉（即按摩法）可以舒筋通络，促进腰部气血循环，消除腰肌疲劳，缓解腰肌痉挛与腰部疼痛，使腰部活动灵活、健壮有力。

1. 揉命门穴

命门穴在腰部第二腰椎棘突下的凹陷中，与前脐中（神阙穴）相对。右手或左手以食指尖置于命门穴上，先顺时针方向压揉9次，再逆时针方向压揉9次，如此重复操作36次。

2. 揉肾俞穴

肾俞穴在腰部第二腰椎棘突下旁开1.5寸处，与命门穴相平。两手以食指尖放在两侧肾俞穴上，先顺时针方向压揉9次，再逆时针方向压揉9次，如此连做36次。（图2-53）

3. 揉腰阳关穴

腰阳关穴在腰部第四腰椎棘突下的凹陷中。左手或右手以食指尖置于腰阳关穴上，先顺时针方向压揉9次，再逆时针方向压揉9次，反复做36次。（图2-54）

图2-53

图2-54

4. 揉腰眼穴

腰眼穴在腰部第四腰椎棘突下旁开 3.8 寸处，与腰阳关穴相平。两手握拳，以食指掌指关节突起部放在两侧腰眼穴上，先顺时针方向压揉 9 次，再逆时针方向压揉 9 次，连做 36 次。（图 2－55）

5. 腰部活动

两手相互摩擦至热，用两手叉腰，大拇指在前，余指按在两侧肾俞穴处，先顺时针方向转腰臀部 9 次，再逆时针方向转腰臀部 9 次，连做 36 次。（图 2－56）

图 2－55　　　　　　　　　　　　　图 2－56

6. 扣揉腰阳关穴

大拇指按住肾俞穴，用旋转指法叩击压点至腰部第四腰椎棘突下的腰阳关穴 36 次。（图 2－57）

7. 擦腰眼

搓手令热，以两手掌面紧贴腰部脊柱两旁，直线往返摩擦腰部两侧，一上一下为 1 遍，连做 81 遍。（图 2－58）

8. 捶腰骶

两手各四指握大拇指成拳，以拳背部有节奏地叩击腰部脊柱两侧到骶部，左右皆叩击 36 次。（图 2－59）

图2-57　　　　　　　图2-58　　　　　　　图2-59

【要　点】

腰眼位居带脉（即环绕腰部的经脉）之中，也是肾脏所在部位，最喜暖恶寒。用掌搓腰之后，势必发热，这样就不仅温暖了腰眼，而且可以增强肾脏功能，疏通带脉，久练到老，腰直不弯，并且可以防治腰痛。有人腰痛，搓到几百次，汗出方止，收到了一定疗效。

第七段　揉腹腾膜壮六腑

【歌　诀】

古法传下自练图，坐卧两掌来揉腹。

凝神冥思体放松，强化内脏六腑睦。

易筋腾膜此入手，伐毛洗髓功不误。

【练　法】

预备式：在保暖的前提下，脱衣松裤，正身仰卧在床上，最好能够枕在矮枕上，全身放松，凝神静虑，调匀呼吸，舌抵上腭，意守丹田。

1. 按摩心窝

两手缓缓上提，食指、中指、无名指对接按在心窝部位（即胸骨下缘下柔软的部位，俗称"心口窝"的部位），由右向上、向左、向下，按顺时针方向做圆周运动，按摩36次。（图2-60）

图 2－60

2. 回环按摩腹中线及腹两侧

以两手食、中、无名三指由心窝顺摩而下，即一边顺时针转动按摩一边往下移，移至脐下耻骨联合处（即小腹下部毛际处），再以两手中三指由耻骨处向两边分开，一边按摩一边向上走，回到心窝处，两手交接而止。循环共做 36 次。（图 2－61、图 2－62）

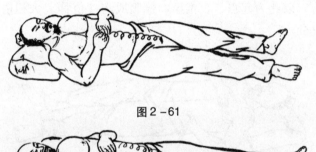

图 2－61

图 2－62

3. 推按腹中线部位

以两手中三指相接，由心窝沿腹中线推下，直推至耻骨联合处，共 36 次。（图 2－63）

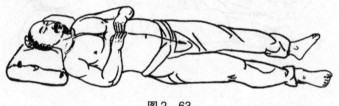

图 2－63

4. 右手绕脐腹按摩

用右手按右、上、左、下的顺时针方向围绕肚脐摩腹36次。（图2-64）

图2-64

然后换左手绕脐腹按摩。

5. 推按右侧胸腹

右手叉腰，置右边胁下腰肾处，大指向前，四指托后，轻轻捏住；左手中三指按在右乳下方，以此为起点，直推至右侧腹股沟（俗称"大腿根"），连续推按36次。（图2-65）

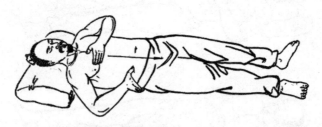

图2-65

6. 推按左侧胸腹

左手叉腰，置左边胁下腰肾处，大指向前，四指托后，轻轻捏住；右手中三指按在左乳下方，以此为起点，直推至左侧腹股沟，连续推按36次。（图2-66）

图2-66

7. 推摩腹中线

左右手替换练习，先右手叉腰，左掌按于胃脘部，用轻柔力逐次揉按至下耻骨部位，再揉回胃脘，反复 36 次。（图 2－67）

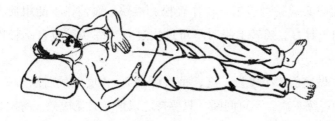

图 2－67

8. 盘坐摇转

盘坐式，两手拇指在里，四指收拢，握捏成拳（道家称为"握固"），分别轻按两膝上，全身放松，脚趾微向下屈。上身微往下俯，缓缓摇动。先自左向前、向右、向后，按顺时针方向摇转 36 次；然后自右向前、向左、向后，按逆时针方向摇转 36 次。（图 2－68 ~ 图 2－70）

图 2－68

摇转的幅度宜大，如摇转向左时，应将胸肩摇过左膝；摇转向前时，宜将上身摇伏膝上；摇转向右时，应将胸肩摇出右膝；摇转向后时，上身宜尽量后倒。摇转以满足为妙，但又不可心躁急摇。

图 2－69

图 2－70

【要　点】

（1）练功前一般要求解开衣裤，以直接揉摩为宜。1～7小段，以正身仰卧为主。

（2）揉腹时必须凝神静虑，动作轻松、柔软、缓慢，不能用拙力。保持呼吸匀畅，切忌闭气着力。摇转上身时不可过快过急，练功后应自感轻松舒适，无疲劳感为度。

（3）依次做完前7小段为1度，每次可做2～3度，最后以第8小段摇身毕。初练功者早晚各练1次，不可间断，只要持之以恒，必见成效。每次如认真做，大约需要30分钟，越慢越好。倘遇有事，早晚2次必不可少。

（4）练功期间，由于胃肠蠕动增强等生理功能的变化，常会出现腹内作响（肠鸣音）、嗳气、腹中温热或易饥饿等现象，这属正常的练功效应，可顺其自然，无须做任何处理。

（5）凡腹内患有恶性肿瘤、内脏出血、腹壁感染及妇女妊娠期间均不宜练此功。

第八段　揉搓脚心消百病

【歌　诀】

涌泉穴在脚掌心，肾经首穴强壮功。

生命能量贮于肾，肾水旺盛如泉涌。

劳宫穴于心包经，心包主火藏劳宫。

相辅相成精气添，水火交融丹自隆。

强肾固本为首穴，诸虚证候皆适用。

脚为树根身为干，泉水滋润树茂宏。

预备收功用补法，先呼后吸吐纳功。

睡前熄灯摩涌泉，两秒一周宜缓通。

用意清淡勿用力，身稳颈直如悬钟。

意到气至水火济，范围莫大宫泉应。

男左女右手相对，七十二次各逆顺。

三次轻按三呼吸，呼按吸起意气融。

垂帘端坐一开合，换手换脚再摩行。

双脚一轮三开合，依病视情量加功。

收功静卧安入睡，祥瑞卧佛入梦中。

【练　法】

（1）盘腿而坐，抬起右脚，放在左腿膝上，一手扳拉足趾，另一手张掌搓擦足心部，擦至局部发热为止。（图 2 - 71）

行完右脚，再对左脚掌进行搓擦，方法与上相同。

（2）按上述姿势，抬起一腿，放在另侧腿膝上，两手大拇指揉按脚底，密密而行，不可留下一丝空位，直至脚底发麻发热。（图 2 - 72）

（3）按上述方法左右轮换地对双脚掌进行揉、点、按、摩、搓、擦等，每次都要至脚掌发热而止。（图 2 - 73）

（4）上述动作行完，将两腿伸直，俯身攀足，练习搬拉脚趾、俯身触脚趾、头面贴膝盖等动作。（图 2 - 74）

图 2 - 71

图 2 - 72

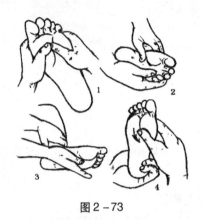

图 2 - 73

图 2 - 74

【功 效】

搓擦足心能使局部血流加快，血液供应充足，末梢神经敏感性增强，自主神经和内分泌系统得到调节，从而收到健脑益智的效果，同时对防治失眠亦大有裨益。

【要 点】

（1）擦足心前先用温水泡洗，边浸泡边用两脚互搓，或用手在水中搓足，5~15 分钟后用毛巾擦干，再行搓擦，有助于提高功效。

（2）擦足时，宜摒除杂念，平定情绪，闭目养神。

（3）搓擦的范围宜尽量大，可以是整个脚掌，也可以连同脚背搓擦。

（4）擦足如在睡前进行，还有助于防治失眠，提高睡眠质量。

（5）可以配合点按两侧涌泉穴。搓完脚心后不要马上下地，最好在原地休息 10 分钟。

【搓脚心的五个"不"】

（1）饭后 1 小时内不得按摩，在一个部位上连续按摩刺激，一般不超过 5 分钟。

（2）用手指按摩要注意修剪指甲，用其他工具刺激时，工具应光滑无刺，避免损伤皮肤。按摩时如出现疼痛、倦怠、口干等感觉（关节炎患者较明显），均属正常现象。

（3）按摩后 30 分钟内须饮温度在 50℃以上的温开水（肾脏和心脏病患者饮

150 毫升即可）。

（4）心脏病、糖尿病、肾脏病、高血压病及癫痫病患者，按摩时间一般不超过 10 分钟。

（5）按摩后由于毛细血管处于扩张状态，体温稍有升高，严禁用冷水洗或用冷毛巾擦按摩部位。

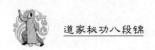
第三章　武当太乙八段锦

武当太乙门，相传为明代武当高道张守性开创，乃内功内练之法。武当太乙八段锦，即为此门秘传的养生保健功法，外所难见。

【总　诀】

掌托碧天理三焦，左右弯弓似射雕。

调理脾胃须单举，五劳七伤往后瞧。

摇头摆尾祛心火，两手攀足固肾腰。

攒拳怒目增力气，背后七颠百病消。

预备式

【歌　诀】

两足分开平行站，横步要与肩同宽。

头正身直腰松腹，两膝微屈对脚尖。

双臂松沉掌下按，手指伸直要自然。

凝神调息垂双目，静默呼吸守丹田。

【练　法】

正身站立，全身放松，两脚分开与肩同宽，两手于腹前结太极印；瞑目静神，调匀呼吸（图3－1）。

图 3 －1

第一段 掌托碧天理三焦

【歌 诀】

十字交叉小腹前，翻掌向上意托天。

左右转动上举臂，双手捧抱式还原。

式随气走须缓慢，一呼一吸一周旋。

呼气尽时停片刻，随气而成要自然。

【练 法】

（1）自然站立，含胸收腹，腰脊放松；正头平视，口齿轻闭，宁神调息，气沉丹田；双手十指交叉沿胸前缓缓举至头顶，转为掌心向上，用力向上托举。（图3-2~图3-4）

（2）上体向左转动，二目先看左前方，继而上视；腰以下不动，手带动胸部向左来回转动8~12次。（图3-5、图3-6）

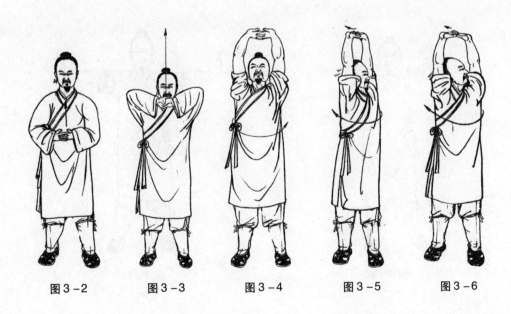

图3-2　　　　图3-3　　　　图3-4　　　　图3-5　　　　图3-6

（3）上身向右转动，方法与左转相同。（图3－7、图3－8）

（4）左右各转动8～12次后，还原成正面托举。（图3－9）

（5）松开手指，两掌左右分开下落展臂至与肩平。（图3－10、图3－11）

图3－7　　　　　　　　图3－8　　　　　　　　图3－9

图3－10　　　　　　　　　　　图3－11

（6）两掌旋转成掌心向前，两臂成合抱状向胸前收拢，至下颌时，翻转成掌心向下。（图3－12、图3－13）

（7）双掌沿体前缓缓下按，至小腹前时，右掌握于左掌背上，右手拇指放于左掌心之中，左手五指将之握住。（图3－14）

图3－12　　　　　　　　　　图3－13　　　　　　　　　　图3－14

【要　点】

（1）两手上托，掌根用力上顶，腰背充分伸展。

（2）转动时要动作柔缓，配合自然呼吸；两膝用力伸直内夹，可以加强身体平衡。

（3）以动作带动呼吸，以动作引导呼吸，不要有意识地去做某一种呼吸方法，顺应自然最好。

【功　效】

三焦有主持诸气、总司人体气化的功能。吸气时，两手上托，充分拔长机体，拉长胸腹部，使胸腔和腹腔容积增大，头部后仰，更加扩张了胸部，具有升举气机、梳理三焦的作用；呼气时，两手分开从体侧徐徐落下，有利于气机的下降。一升一降，气机运动平衡。

此段对脊柱和腰背肌肉群也有良好的作用，有助于矫正两肩内收、圆背、驼背等不良姿势。

第二段　左右开弓似射雕

【歌　诀】

马步下蹲要稳健，双手交叉左胸前。

左推右拉似射箭，左手食指尖朝天。

式随腰转换右式，双手交叉右胸前。

右推左拉眼观指，双手收回式还原。

【练　法】

（1）两掌十指伸开，右掌心贴住左掌背，掌心向上，缓缓托至胸前的时候，两掌以肘为轴向两肩侧分开，掌高与肩平，掌心向上。（图3－15、图3－16）

图3－15

图3－16

（2）两掌缓缓向两侧平肩伸展，至与臂平时，上体缓缓向下略微屈蹲。（图3
－17）

图3－17

（3）上体姿势不变。左腿缓缓收膝提起，至胸高时，伸膝举腿，缓缓向左下
落步（图3－18～图3－20）

图3－18　　　　　　　　　　　图3－19

图 3 −20

（4）上体左转，右掌向左侧方画弧，与左掌相平时，左掌略后收至右肩内侧，右掌心向左，左掌心向斜下，目视右掌；此时，身体随动作左转成左弓步。（图 3 −21、图 3 −21 附图）

图 3 −21

图 3 −21 附图

（5）右掌屈指握拳向右后拉，左手立掌向左前缓缓推出，身体右坐下蹲成骑马步。右手向右拉至高与右肩平，与肩距约两拳许，意如拉紧弓弦，开弓如满月。目视左侧前方，视线通过左手食指凝视远方，意如弓箭在手，待机而射。（图3－22、图3－23）

图3－22　　　　　　　　　　　　　图3－23

（6）稍做停顿。缓缓将气呼出后，右拳伸指成掌，掌心向下，柔缓地向左侧前方推揉而出；同时，左掌后收至右肩内侧，右腿蹬力成左弓步。（图3－24）

（7）右掌屈指握拳向右后拉，左手立掌向左前缓缓推出，身体右坐下蹲成骑马步。右手向右拉至与右肩平高，与肩距约两拳许，意如拉紧弓弦，开弓如满月。目视左侧前方，视线通过左手食指凝视远方，意如弓箭在手，待机而射。（图3－25、图3－26）

注：按上述动作再重复1遍之后，即换右式。

图3－24

图 3 - 25

图 3 - 26

（8）上体右转，左掌向右侧画弧，右拳伸指成掌收于左肩内侧；同时，上体右转成右弓步。目视右前方。（图 3 - 27）

（9）动作不停，左掌屈指握拳向左后拉，右手立掌向右前方缓缓推出，身体左坐成骑马步。左手向左拉至高与左肩平，与肩距约两拳许，意如拉紧弓弦，开弓如满月。目视右侧前方，视线通过右手食指凝视远方，意如弓箭在手，待机而射。（图 3 - 28）

（10）重复上述动作 3 次。

图 3 - 27

图 3 - 28

（11）左拳成掌向左侧划至与右臂成左右平展姿势，重心右移成横裆步。头左转目视左侧方。（图3－29）

（12）左脚内收至右脚内侧成并立步，两臂缓缓向前成合抱之势，收至下颌前，掌心向下。（图3－30～图3－32）

（13）双手转为掌心向下，沿体前缓缓下按，至小腹前时，右掌握于左掌背上，右手拇指放于左掌心之中，左手五指将之握住，或者两手结太极印抱于腹前。（图3－33）

图3－29　　　　　　　　　　　　　　　　图3－30

图3－31　　　　　　图3－32　　　　　　图3－33

【要　点】

（1）两臂平拉，用力要均匀，尽量展臂扩胸，头顶仍保持正直。

（2）马步时，挺胸塌腰，上体不能前俯，两脚跟外蹬。

【功　效】

本段动作主要是扩张胸部作用于上焦。吸气时，双手似开弓，左右尽力拉开，加大胸廓横径，能吸进更多的清新空气；呼气时，双手下落，然后向胸前合拢，帮助挤压胸廓，吐尽残余的浊气。两肺的舒张与收缩，对心脏也起到了直接的挤压和按摩作用，加强了心脏功能。在马步基础上完成动作，腿部肌肉力量得到锻炼。

第三段　调理脾胃须单举

【歌　诀】

双掌重叠掌朝天，右上左下臂捧圆。

右掌旋臂托天去，左掌翻转至髀关。

双掌均沿胃经走，换臂托按一循环。

呼尽吸足勿用力，收式双掌回丹田。

【练　法】

（1）两掌十指伸开，右掌心贴住左掌背，掌心向上，缓缓上托，至胸前的时候，两掌以肘为轴向两肩侧分开，掌高与肩平，掌心朝上。接着，两掌缓缓向两侧平肩伸展，至与臂平时停住。（图3－34～图3－36）

（2）左掌翻转成掌心向下，右掌旋腕成托掌状缓缓上举至头顶，同时左手下按呼应。两手上托下撑，至臂伸尽。头微左转，目视左斜前方。（图3－37）

（3）以腰部为轴，上体缓缓左转，使面部至正左方时止。（图3－38）

（4）右掌下划，左掌上划托起。左臂伸托至尽、右掌下按至腹前时，上体右转还原成面对正前方，即左托右撑式。（图3－39～图3－41）

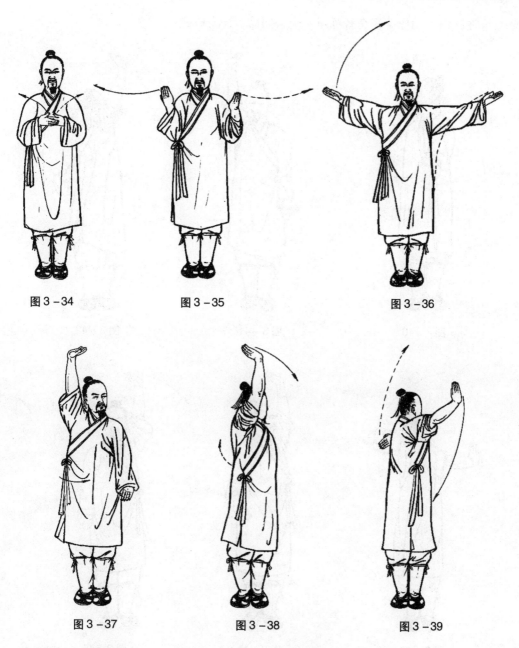

图 3-34　　　　　　图 3-35　　　　　　　　　图 3-36

图 3-37　　　　　　图 3-38　　　　　　　　　图 3-39

（5）上体缓缓右转，至面对正右方时，左手下划、右手上划成右上托、左下撑。待双臂伸尽时，体左转成面对正前方。（图3-42～图3-45）

注：以上动作反复交替练习 8 个来回后，即行收式。

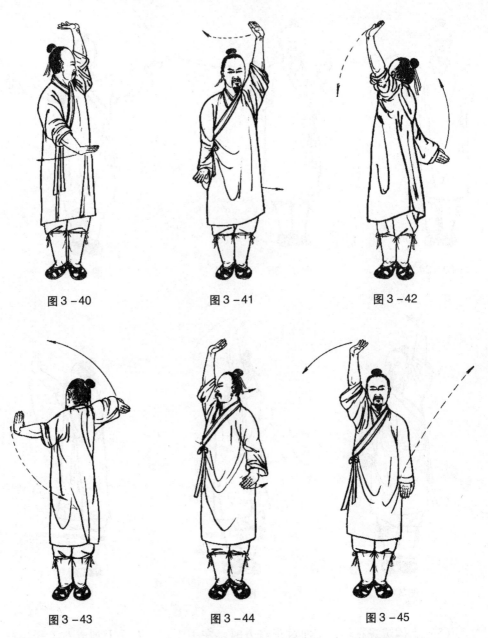

图 3 – 40   图 3 – 41   图 3 – 42

图 3 – 43   图 3 – 44   图 3 – 45

（6）右掌向右下划，左掌向左上划。至两臂成左右展臂平肩式时，两掌旋转成掌心向前，两臂成合抱状向胸前收拢；至下颌前，翻转双手成掌心向下。（图3－46～图3－48）

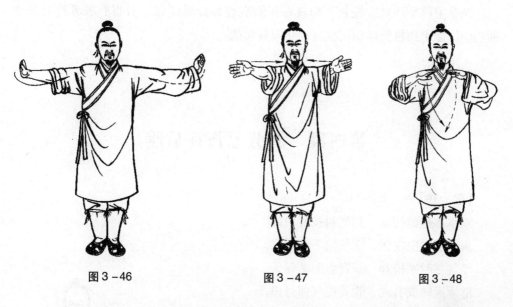

图3－46　　　　　　　图3－47　　　　　　　图3－48

（7）双手转成掌心向下，沿体前缓缓按至小腹前时，右掌握于左掌背上，右手拇指放于左掌心之中，左手五指将之握住，或者双手结成太极印。（图3－49）

图3－49

【要　点】

动作连贯、匀速。两掌上撑下按，手臂伸直，挺胸直腰，拔长脊柱。

【功　效】

两掌上撑下按对拉拔长，均具有压缩腹腔和舒展腰腹，对腹腔脏器进行按摩的功能，能增加胃肠蠕动，提高消化吸收功能。

第四段　五劳七伤往后瞧

【歌　诀】

双掌捧抱似托盘，翻掌封按臂内旋。

头应随手向左转，引气向下至涌泉。

呼气尽时平松静，双臂收回掌朝天。

继续运转成右式，收式提气回丹田。

【练　法】

（1）两掌十指伸开，右掌心贴住左掌背，掌心向上，缓缓上托至胸前时，两掌以肘为轴向两肩侧分开，高与肩平，掌心向上。接着，两掌缓缓向两侧平肩伸展，至与臂平时停住。（图3－50～图3－52）

图3－50

图3-51　　　　　　　　　　　　　　　　图3-52

（2）以腰为支点，上体随左手左划而尽量向左后转动；双目随转身向后瞪眼。向左后转动上身3次。（图3-53、图3-54）

（3）上体右转，两臂平展不变，动作与左转向后瞧相同。（图3-55、图3-56）

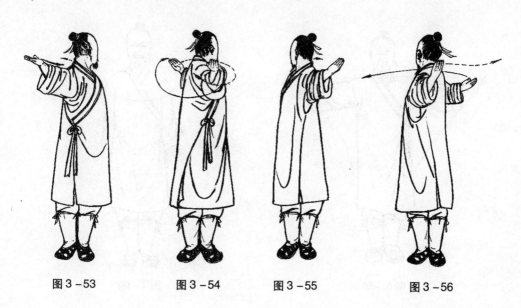

图3-53　　　　图3-54　　　　图3-55　　　　图3-56

（4）上体回转至面向正前方时停住，将掌心翻转向下。（图3-57、图3-58）

（5）再做左转和右转各3次。

（6）恢复上体成面对正前方时，两掌下落成下撑式，掌心向下，两掌位置距髂骨两拳半。（图3-59、图3-60）

图3-57

图3-58

图3-59

图3-60

（7）动作摆正之后，以腰为轴，上体左转，左肩尽量用力向左后带劲；二目向后瞪视。尽力转动3次。（图3-61、图3-62）

（8）右转，动作要领与左转向后瞧相同。（图3-63）

（9）上身恢复至面向正前方，两掌下落放于体侧。二目平视正前方。（图3-64）

（10）身体保持不动，两肩向前转动画圆3次，然后向后画圆3次。（图3-65）

（11）两肘向左右平抬，两上臂与肩平，前臂垂直，两掌心向下，掌指向前。姿势摆正之后，以肩为支点进行前后转动肩部3次。（图3-66）

图3-61　　　　　　　　图3-62　　　　　　　　图3-63

图3-64　　　　　　　　图3-65　　　　　　　　图3-66

（12）然后两臂平展，掌心向下，目视正前方。（图3-67）

（13）两掌旋转成掌心向前，两臂成合抱状向胸前收拢，至下颌前时，向内翻掌。（图3-68～图3-70）

（14）双掌沿体前缓缓下按，至小腹前时，右掌握于左掌背上，右手拇指放于左掌心之中，左手五指将之握住，或者双手结成太极印。（图3-71、图3-72）

图3-67

图3-68

图3-69　　　　　图3-70　　　　　图3-71　　　　　图3-72

【要　点】

两臂起落开合要与呼吸配合一致。转头时，头平项直，眼尽量向后注视。

【功　效】

本段动作是整个脊柱尽量拧曲旋转，眼向后注视，主要调整中枢神经系统功能，能舒活颈椎，松弛颈肌，改善脑部供血供氧，从而提高大脑对五脏六腑的指挥功能。胸部拧转有益于心肺两脏，腰部拧转有强腰健肾、调整脾胃的作用。因此，此段有防止"五劳七伤"之效。

第五段　摇头摆尾祛心火

【歌　诀】

马步仆步可自选，双掌扶于膝上面。

头随呼气宜向左，双目却看右脚尖。

吸气还原接右式，摇头斜看左脚前。

如此往返随气练，气不可浮意要专。

【练　法】

（1）两掌十指伸开，右掌心贴住左掌背，掌心向上，缓缓上托至胸前时，以肘为轴向两肩侧分开，高与肩平，掌心向上。（图3－73、图3－74）

图3－73

图3－74

（2）两掌缓缓向两侧平肩伸展，至与臂平时，上体缓缓向下，略屈膝。（图 3－75）

（3）左腿缓缓收膝提起，至与胸同高时伸膝举腿，并缓缓向左下落步。（图 3－76～图 3－78）

图 3－75

图 3－76

图 3－77

图 3－78

（4）紧接着，下蹲成骑马步；同时，两掌向上抱起，至与头齐高时，缓缓按掌向下落于两膝盖之上。目视左侧前方。（图 3 - 79、图 3 - 80）

图 3 - 79

图 3 - 80

（5）肩带劲向右转成右弓步的同时，上体向右俯、右膝屈。低头俯身至右膝前侧时，面部向下，继向左俯身移动至左膝，此时下盘成左仆步。（图 3 - 81 ~ 图 3 - 84）

图 3 - 81

图 3 - 82　　　　　　　　图 3 - 83　　　　　　　　图 3 - 84

（6）头尽量向左后移动，至极限后使头向左后上方伸起，右腿蹬力成左弓步。继抬头仰视，两腿成开裆步。（图 3 - 85、图 3 - 86）

图 3 - 85　　　　　　　　　　　　　图 3 - 86

（7）右转身成右弓步，重复上述动作。

3 遍之后，接着做左式。

（8）左式的动作与右式相同，唯方向相反。

重复 3 遍后，即行收式。

（9）两掌抬离膝盖，向上平行抬臂，至与肩平时，左脚向右脚内侧收拢，并步而立。（图 3 - 87、图 3 - 88）

图 3－87　　　　　　　　　　　　　图 3－88

（10）两掌旋转成掌心向前，两臂成合抱状向胸前收拢，至下颌前时，向内翻掌。（图 3－89～图 3－91）

（11）双手沿体前缓缓下按，至小腹前时，右掌握于左掌背上，右手拇指放于左掌心之中，左手五指将之握住，或者双手结成太极印。（图 3－92）

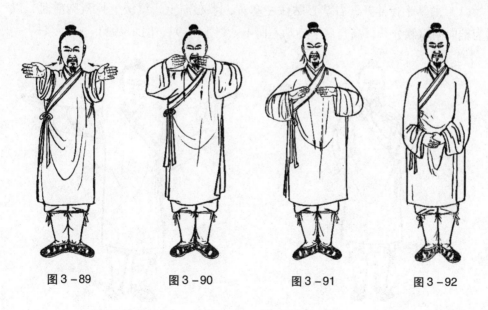

图 3－89　　　　图 3－90　　　　图 3－91　　　　图 3－92

【要 点】

上体左右摆动，手、眼、身、步、呼吸配合要协调。头部和臀部的相对运动，对拉拔长，要有韧劲。两手不离膝，两脚不离地。

【功 效】

心火被中医认为是情志之火内发，或六气郁而化火出现的一些症状。摇头摆臂、拧转腰胯的运动牵动全身，降低中枢神经系统兴奋性，自然起到清心泻火、宁心安神的功效。同时，下肢弓马步变化，对腰酸膝软等下肢疾患也有理疗作用。

第六段　两手攀足固肾腰

【歌 诀】

两足横开一步宽，两手平扶小腹前。

平分左右向后转，吸气藏腰撑腰间。

势随气走定深浅，呼气弯腰盘足圆。

手势引导勿用力，松腰收腹守涌泉。

【练 法】

（1）两掌十指伸开，右掌心贴住左掌背，掌心向上，缓缓上托至胸前时，以肘为轴向两肩侧分开，高与肩平，掌心向上。（图3-93、图3-94）

图3-93

图3-94

（2）两掌缓缓向两侧平肩伸展，至与臂平时，左脚朝左摆跨一步成开裆步，距离略宽于肩。随之两掌下收以掌心贴住后腰肾俞穴部位。（图3－95）

（3）双掌沿腰背向下经腿侧、脚背，至脚跟；同时，上身前俯。（图3－96）

（4）两掌收至脚背握住踝关节，头面部尽量下俯向膝间靠近。（图3－97）

然后，两掌原路返回，收至腰背间，同时上身抬起。继之再低头攀足，反复练习上述动作12遍。

（5）两手从腰背部向两侧上抬，至与肩平时，两掌向胸前合抱按掌于胃脘前。继之向左右翻掌平托成掌心向上，肘节适屈。（图3－98、图3－99）

图3－95　　　　　　图3－96　　　　　　图3－97

图3－98　　　　　　　　图3－99

（6）两臂向左右伸开，两掌内旋成掌心向前；左脚向右脚内侧收拢成小开步。随即两臂成合抱状向胸前收拢，至下颌前时，翻转成掌心向下。（图3－100、图3－101）

（7）双手沿体前缓缓下按，至小腹前时，右掌握于左掌背上，右手拇指放于左掌心之中，左手五指将之握住，或者双手结成太极印。（图3－102）

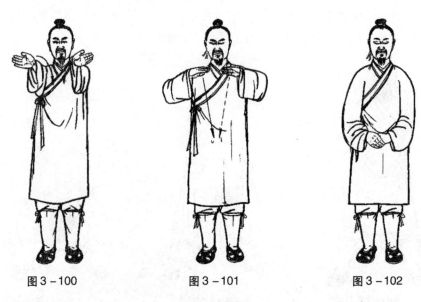

图3－100　　　　　　　图3－101　　　　　　　图3－102

【要　点】

身体前屈或背伸，主要是腰部活动，因此，两膝始终要伸直。前俯后仰速度缓慢均匀，运动幅度应由小到大。

【功　效】

上体的前俯后仰，可以充分伸展腰腹肌群；双手攀足，可以牵拉腿部后群肌肉。所以本段动作能提高腰腿柔韧性，防止腰肌劳伤和坐骨神经痛等病症。腰部保护着重要的内脏器官、神经、血管，锻炼腰部能挤压、舒展脏器，具有内按摩功效。"腰为肾之府"，腰强则肾健。

第七段　攒拳怒目增力气

【歌　诀】

马步下蹲眼睁圆，双拳束抱在胸前。

拳引内气随腰转，前打后拉两臂旋。

吸气收回呼气放，左右轮换眼看拳。

两拳收回胸前抱，收脚按掌式还原。

【练　法】

（1）两掌缓缓上托，十指伸开，右掌心贴住左掌背，掌心向上。托至胸前的时候，两掌以肘为轴向两肩侧分开，高与肩平，掌心向上。（图3－103、图3－104）

（2）伸展至臂平，缓缓屈膝微蹲。（图3－105）

图3－103

图3－104

（3）左腿缓缓收膝提起，至与胸同高时伸膝举腿，并缓缓向左摆，下落步成骑马步时，两掌平行向正前方合拢，至与肩同宽时，扣指握拳收抱于腰间。二目平视前方。（图3－106～图3－108）

图3－105

图3－106

图3－107

图3－108

（4）用鼻吸气的同时，左拳缓缓向前方提起，至拳高与肩平、拳心对鼻的刹那间，鼻喷气催力，左拳猛地旋转成拳心向下、拳面向前抖击而出。二目圆瞪，怒视前方。（图3－109）

（5）紧接着，左拳回收的同时，右拳向前提起，左拳收至腰间刹那，右拳随鼻喷气旋转成拳心向下，拳面向前抖击而出。二目圆瞪，怒视前方。（图3－110、图3－111）

（6）左右拳轮番出击50～100次后，收回抱于腰间。（图3－112）

图3－109

图3－110

图3－111

图3－112

（7）两拳伸指成掌向左右抬起，两掌旋转成掌心向前之际，左脚向右脚内侧收拢成小开步。两臂成合抱状向胸前收拢，至下颌前时，翻转成掌心向下。（图3－113、图3－114）

（8）双掌沿体前缓缓下按，至小腹前时，右掌握于左掌背上，右手拇指放于左掌心之中，左手五指将之握住，或者双手结成太极印。（图3－115）

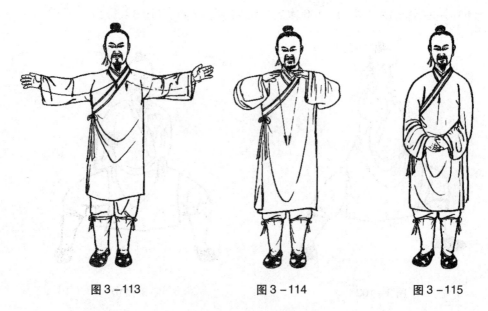

图3－113　　　　　　　　图3－114　　　　　　　　图3－115

【要　点】

（1）出拳由慢到快，做好拧腰，瞬间急旋前臂动作，体现寸劲。

（2）脚趾抓地，挺胸塌腰，并与呼气、瞪眼、怒目配合一致。收拳宜缓慢、轻柔，蓄气、蓄力待发。一张一弛，刚柔相济。

【功　效】

主要是锻炼肝的功能，肝血丰盈，则经脉得以滋养，以至筋骨强健。久练攒拳，则气力倍增。怒目有助于疏泄肝气，从而调和气血，增强了肝的生理功能。

第八段 背后七颠百病消

【歌　诀】

两腿并立撇脚尖，脚尖用力脚跟悬。

呼气上顶手下按，落足呼气一周天。

如此反复共七遍，全身气走回丹田。

全身放松做颠抖，自然呼吸态怡然。

【练　法】

（1）两掌十指伸开，右掌心贴住左掌背，掌心向上，缓缓上托至胸前时，两掌以肘为轴向两肩侧分开，掌高与肩平，掌心向上。（图3－116、图3－117）

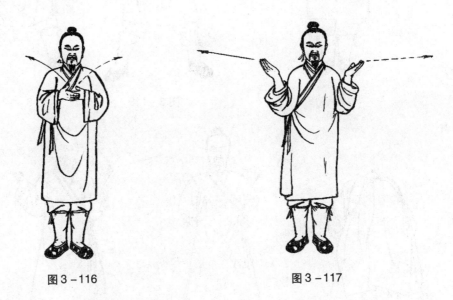

图3－116　　　　　　　　　　　　　图3－117

（2）两掌缓缓向两侧平肩伸展，至与臂平时，左脚朝左摆跨一步成大开步，两脚距离略宽于肩。随之两掌下收抱拳于腰间。（图3－118、图3－119）

（3）两拳后移，以拳背贴住腰后肾俞穴部位。（图3－120）

（4）上体缓缓向后仰至极限，两脚十趾抓地不可离地，以保证身体平衡。（图3－121）

（5）抬身立起还原。（图3－122）

（6）反复练习3次后，两拳变掌从腰后沿胁肋上移向左右分，两肘尖紧贴胁肋，掌心向上，掌尖向左右。随之，向两侧平肩伸臂，掌心仍向上。二目平视前方。（图3－123、图3－124）

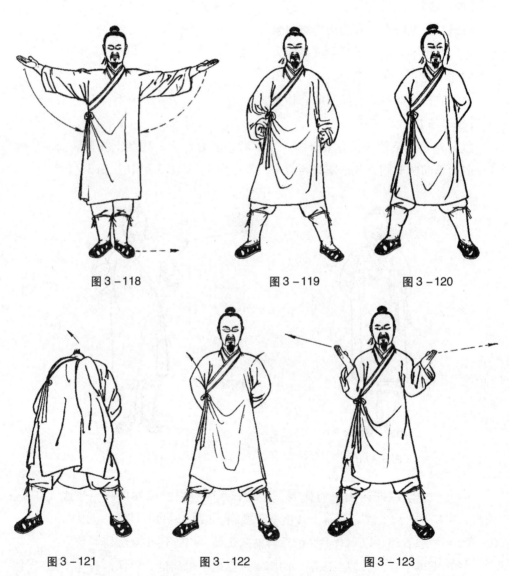

图3－118   图3－119   图3－120

图3－121   图3－122   图3－123

（7）两掌臂向前方合抱，俯身，至胸腹部与地面平行时，两掌抱至与肩同宽，上身尽量前探。（图3－125）

图3－124　　　　　　　　　　　　　图3－125

（8）上身探至极限而下俯，两掌下落使掌背贴地于两腿之间，两膝挺直，两臂与大腿相贴。（图3－126）

（9）起身，反复练习此动作3次。再起身，两掌上抬至胸前时，向左右肩前分开成掌心向上，至两掌与肩平时，向左右伸开。（图3－127～图3－129）

图3－126　　　　　　　　　　　　　图3－127

图 3 – 128

图 3 – 129

（10）两掌旋转成掌心向前，同时左脚向右脚内侧收拢成并步。两臂成合抱状向胸前收拢，至下颌前时，翻转成掌心向下。（图 3 – 130、图 3 – 131）

（11）双掌沿体前缓缓下按，至小腹前时，右掌握于左掌背上，右手拇指放于左掌心之中，左手五指将之握住，或者双手结成太极印。（图 3 – 132）

图 3 – 130

图 3 – 131

图 3 – 132

【要　点】

身体抖动应放松。脚跟上提时，百会上顶；脚跟着地时，振动宜轻，意念下引至涌泉，全身放松。

【功　效】

连续上下抖动使肌肉、内脏、脊柱松动，再把脚跟轻微地振动，使上述器官、系统整合复位，起到整理运动作用。随着动作的落下，气血疏通，意将病气、浊气从身上全部抖落，从而取得"百病皆消"的功效。

收　式

（1）两掌十指伸开，右掌心贴住左掌背，掌心向上，缓缓上托，至胸前的时候，两掌以肘为轴向两肩侧分开，掌高与肩平，掌心向上。展至臂平时，上体缓缓向下略微屈蹲膝部。（图3－133、图3－134）

图3－133　　　　　　　　　　　　　　图3－134

（2）左脚缓缓收膝提起，至胸高时伸膝举腿，并缓缓向左前落步成左弓步；两掌下落叉指于腰间。（图3－135、图3－136）

（3）上体左转，右脚沿着地面朝左侧前方上步，两脚交替而行，即在原地行走一圈，也称作"八卦蹚泥步"。待走至起步处时即行收式。（图3－137～图3－140）

图3－135　　　　　　图3－136　　　　　　图3－137

图3－138　　　　　　图3－139　　　　　　图3－140

（4）两臂左右张开，继两掌旋转成掌心向前，左脚向右脚内侧收拢成并步。两臂成合抱状向胸前收拢，至下颌前时，翻转掌成掌心向下沿体前缓缓下按，至小腹前时，右掌握于左掌背上，右手拇指放于左掌心之中，左手五指将之握住。（图3－141、图3－142）

图3－141

图3－142

第四章　武当玄武八段锦

玄武八段锦乃武当养生功正宗，所谓"大道至简"，本功练法简易，而功效显著，多加练习，自然祛病延年，是不可多得的内家秘传。

【总　诀】

掌托日月三焦理，朱雀青龙白虎诀。

龟蛇合演化玄武，辘轳转动南天阙。

龙虎交媾九还丹，立鼎红炉一点雪。

功界托名八段锦，大道一理养生学。

第一段　掌托日月三焦理

【歌　诀】

日精月华在双瞳，抱球上托注掌间。

纳气默数用意念，展翼下收沉丹田。

【练　法】

（1）双脚并步，自然站立，两膝伸直；双掌下垂于身体两侧，垂肩坠肘，含胸收腹，全身放松，舌舐上腭。二目平视前方。（图4－1）

（2）调匀呼吸后，两掌握拳收抱于腰间。（图4－2）

（3）平心静息，十指伸张成掌，从下至上似抱球于胸前。定式后，逆腹式呼吸49次。（图4－3）

（4）双手抱球向上移动，同时逆腹式呼吸，用鼻缓缓吸气，头向后仰，双手掌举至前额上方，双掌心悬空抱球，对准面部时闭气。然后再由内向外、向上翻掌，掌心向上托起，双臂撑圆，此时将气呼出。（图4－4）

（5）双眼目光先注视左手背，默数 36 下，再移视右手背，默数 36 下，自然呼吸。随后，双掌向左右分开，两臂缓缓下落，双掌由外向内、向上翻转，变拳置于两腰侧，默念 24 次呼吸。（图 4 - 5）

（6）双拳变掌下落于体侧。（图 4 - 6）

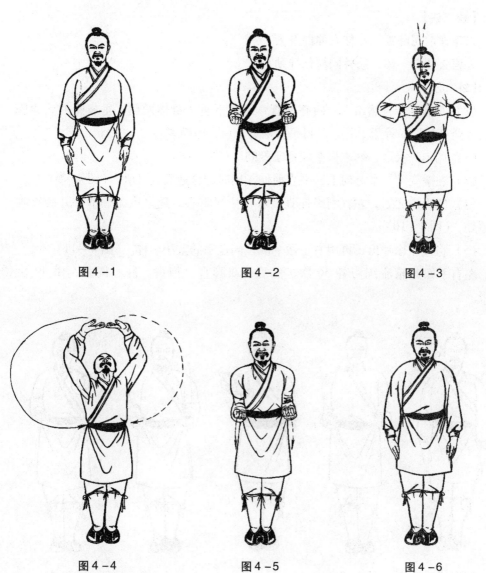

图 4 - 1　　　　　　　　图 4 - 2　　　　　　　　图 4 - 3

图 4 - 4　　　　　　　　图 4 - 5　　　　　　　　图 4 - 6

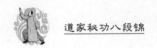

第二段　前方朱雀调呼吸

【歌　诀】

朱雀在前司呼吸，左伸右伸握拳紧。

天罡玄数合一体，筋骨同易化神劲。

【练　法】

（1）双脚并步自然站立，两膝伸直；双掌下垂于身体两侧，垂肩坠肘，含胸收腹，全身放松，舌舐上腭。二目平视前方。（图4－7）

（2）调匀呼吸后，两掌握拳收抱于腰间。（图4－8）

（3）左拳变掌，掌心向上，平直前伸，同时配合逆腹式呼吸。（图4－9）

（4）气吸满之后，左臂刚好伸直，双目注视掌心。随之用力握拳，并缓缓收回原处。（图4－10）

（5）将气徐徐呼出，再用右手做一次，同左手的方法一样。（图4－11）

左右手如此轮流练习各36次。然后，双脚直立抱拳，静心调息，做49次呼吸。

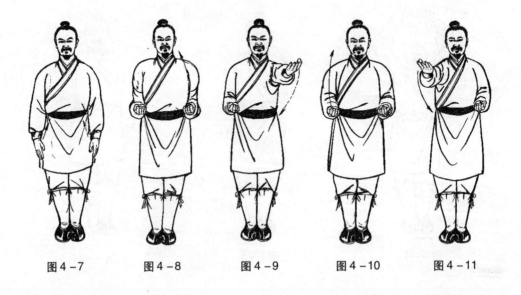

图4－7　　　　图4－8　　　　图4－9　　　　图4－10　　　　图4－11

第三段 意调龙自火中出

【歌 诀】

青龙源自火中出，功在南方调心药。

目随掌转意气合，念灭心静魔自消。

【练 法】

（1）自然站立，调匀呼吸。（图4－12）

（2）左手掌向左侧方伸出，至臂与肩平时止，同时配合逆腹式呼吸。（图4－13）

（3）气吸满之后，左手用力握拳，收回腰侧。（图4－14）

此段应与下段"水生白虎肾中精"相互交替练习，完成左右对称的49次呼吸。

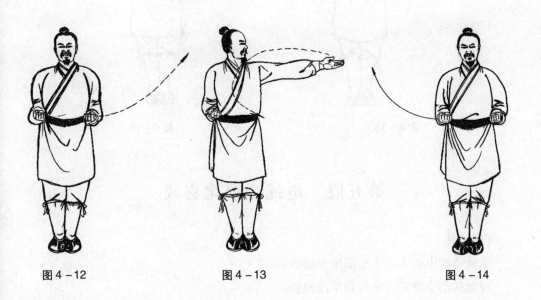

图4－12　　　　　　　　图4－13　　　　　　　　图4－14

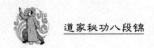
第四段　水生白虎肾中精

【歌　诀】

白虎乃从水中生，青龙白虎本相连。

坎北纳气固指紧，左右互行意力兼。

【练　法】

（1）此段动作与左青龙式动作相同，方向相反。（图4－15、图4－16）

（2）两段应为一组，左右交替，轮流练习各36次后收式，静心调息。

图4－15

图4－16

第五段　龟蛇合演化玄武

【歌　诀】

玄武龟蛇甲乙木，力由筋生源髓骨。

式如转动小辘轳，内外翻掌画圆弧。

【练　法】

（1）站定，调息。

（2）心宁气静后，左拳变掌，向身后平直伸出，掌心向上，掌背与地平行。眼视掌心。（图4-17）

（3）配合逆腹式呼吸，左掌下落，与地面垂直时，掌外翻向下，并向前、左、后方画半圆形，转掌内翻。（图4-18）

（4）至气吸满时，用力握拳，向内转手上提，意念手如拔树，收拳至腰间。（图4-19）

（5）练习右手动作，与左手动作相同，方向相反。（图4-20、图4-21）

（6）左右手交替轮流练习各36次后，收拳抱腰，调息。（图4-22）

图4-17　　　　　　图4-18　　　　　　图4-19

图4-20　　　　　　图4-21　　　　　　图4-22

第六段　辘轳旋转脾胃健

【歌　诀】

辘轳旋转似翻车，转动臂膊脾胃健。

前俯抓拳抵脚尖，恨地无环收腰间。

【练　法】

（1）站定，调息。（图4-23）

（2）气息调匀后，左手伸掌，向前平出，掌心向上，与肩同高。（图4-24）

（3）配合逆腹式呼吸的同时，左掌下收，至掌尖向下。（图4-25）

（4）手臂成轮状前划，向前在体侧环绕一周，到360度时，手臂举至左侧头顶上方。（图4-26）

（5）向前下俯身压掌，至左脚尖前地面。左掌背附于地面，掌心向上，掌尖向后；双膝挺直，不能弯。（图4-27）

图4-23

图4-24

图4-25

图4-26

图4-27

（6）随身体直立用力握拳，并收拉抱于腰间。（图4－28、图4－29）

（7）调匀气息，继续练习右手动作，与左手动作相同，方向相反。（图4－30～图4－35）。

左右手交替轮流各做36次。

图4－28   图4－29   图4－30   图4－31

图4－32   图4－33   图4－34   图4－35

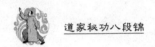

第七段　龙虎相交大丹成

【歌　诀】

龙虎竞争腾紫烟，心肾相交守丹田。

二宫本是同一体，坎离既济气朝元。

【练　法】

（1）站立，调息。（图4－36）

（2）气息调匀后，双拳松握成掌，先向前伸出，然后两掌心向内，掌尖相对，收在胸前成环抱球状。（图4－37）

（3）双掌保持抱球状向上移动，头跟着向上仰望。（图4－38）

（4）此时配合逆腹式呼吸，当双掌抱球举至最上方时，十指交叉。（图4－39）

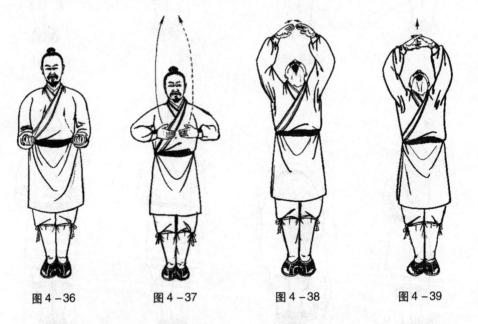

图4－36　　　　　图4－37　　　　　图4－38　　　　　图4－39

（5）翻腕变成掌心向上，再下落至头顶后，复向上推出。（图4－40）

（6）至双臂伸直时，鼻呼气，眼看十指的交叉点，自然呼吸。默数49次后，再吸气，分开双掌从两侧向下缓缓下落。（图4－41）

（7）双掌至身体两侧时将气吐尽，双臂成环抱球状，移至胸前。（图4－42、图4－43）

（8）放下双掌于体侧，放松身体，垂帘闭目，叩齿36遍。待津液满口时，分作3次吞下，此段可收。（图4－44）

图4－40

图4－41

图4－42

图4－43

图4－44

第八段　肢节摩遍百病灭

【歌　诀】

遍身百节揉摩匀，蹲伸活动筋经练。

赤龙搅海把津吞，罡气护体自延年。

【练　法】

此段即为收功。先进行周身全面的拍打揉摩，放松肌肉，再活动四肢，下蹲起落。练后散步即结束。（图4-45～图4-48）

图4-45　　　　　图4-46　　　　　图4-47　　　　　图4-48

本功无特殊要求，只注意呼吸平匀，不可努力屏气。要自然轻松，讲究松而不懈，紧而不僵，身如杨柳，弹韧相间。目光及动作要一一到位，四个方向伸抓及弯腰俯身，尽量要舒展筋骨，以求功效。不可急躁求进，须知功到自然成。

武当纯阳八段锦，又名"吕祖八段锦"，据传为八仙之一的吕洞宾所传。

【总 诀】

两掌托天理三焦，左右开弓如射雕。

调理脾胃单举掌，一切劳伤背后瞧。

龙摇虎摆祛心火，手拂脚面通背腰。

咬牙瞪目长精神，马上三颠饮食消。

第一段 两掌托天理三焦

【歌 诀】

二目神敛养丹苗，两手托天理三焦。

脚蹬踵提除疲劳，吐纳运化浊气消。

【练 法】

（1）两脚开步与肩同宽，正身直立，两掌垂于体侧；舌尖轻抵上腭，叩齿，用鼻自然呼吸。目视前方。（图5-1）

（2）两臂微外旋，两掌向上收于小腹（丹田）前相叠，左下右上；同时，丹田向内凹、吸气。目视前下方。（图5-2）

（3）两臂内旋，两掌重叠翻掌，由腹前向头顶上方托举，掌心向上，拇指侧向前。呼气，丹田外凸，意在提踵。目随掌上视。（图5-3）

图5-1

（4）两臂外旋，掌由头顶向下翻压，停于胸前（膻中穴处），掌心向内，继顺任脉向下按摩；与此同时，两踵压地，吸气，丹田向内凹。双目微合内视。（图5－4）

（5）两掌于胸前分开，下落垂于体侧；同时，吸气，丹田向外凸。目视前方。（图5－5）

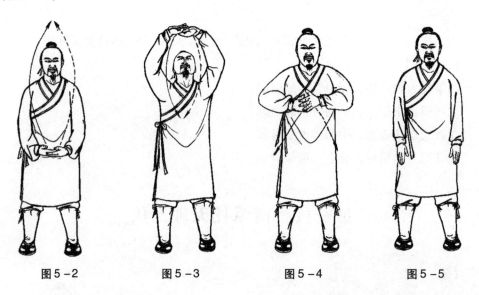

图5－2   图5－3   图5－4   图5－5

【要　点】

本段是伸展四肢和躯干的运动。在伸展时要求呼气，小腹凸起。两掌下摩胸部时深吸气。小腹凹凸的运动，可以改变腹压，亦可使肺部加大扩张、收缩度，增加肺活量，有利于消除疲劳和吸入更多的氧气。

练功时，提踵与躯干伸展要一齐用力，压踵与按摩胸腹要整齐合拍，与呼吸同步。

三焦为六腑之一，分上焦、中焦和下焦，有出纳、化气、摄精、主持诸气、总司人体等功能。由于功法为全身的伸展，又伴随着内气的运行，所以起到了调理三焦的作用。坚持练习不懈，对耳聋、头昏沉、咽喉肿痛、目眦、面肿诸症均有疗效。

第二段　左右开弓如射雕

【歌　诀】

左右开弓如射雕，正奇相生子午到。

内形外气聚一念，俯首内照获至宝。

【练　法】

（1）开步与肩同宽，正身直立，两掌垂于体侧，呼吸自然，目视前方。（图5－6）

（2）左脚向左侧跨一步，屈膝蹲成马步。同时，两掌向上抬起，交叉停于胸前，左掌食指、拇指撑开，其余三指屈于掌心成八字掌，指尖向右上，掌心向内；右掌半握拳，靠在左腕内侧，拳眼向上，拳心向内。吸气，丹田向内凹。然后，呼气，丹田向外凸，意在调息。（图5－7）

（3）左掌向左侧平推，臂伸直，略高于肩，食指尖向前上方，小指侧向下；同时，右半握拳随肘尖向右后用力似拉弓一般，拳心向内，拳眼向上。吸气，丹田向内凹，舌顶上腭，目视左前方。（图5－8）

（4）丹田向外凸，缓缓将气呼完，随之，两手收回，交叉停于胸前。右手成八字掌，左手半握拳靠在右腕内侧，调息1次。（图5－9）

图5－6

图5－7　　　　　　　图5－8　　　　　　　图5－9

（5）右掌向右侧平推，动作与左侧开弓姿势相同，唯方向相反。（图5－10、图5－11）

（6）身体重心升起，左脚右移，两脚平行开立与肩同宽；同时，两掌由胸前分开下落垂于体侧。呼气，丹田外凸，目视前方。（图5－12）

图5－10   图5－11   图5－12

【要　点】

此段以马步、左右拉弓开胸顺气为主。

在练功中要求做到胯松、膝扣、足趾抓地。拉弓时，双臂用力要匀称，尽量使胸部扩展。八字掌的虎口要圆，三指屈的扣劲要与食指、拇指的撑劲分明。挺颈要同时做到松肩、坠肘、坐腕、提肛。头部正直，精气贯顶，动作与呼吸、丹田凹凸要密切配合，行动一致。

心动而气随之，气动而力赴之，可以提高心、肺等器官的功能，增强肋部、肩臂部的肌肉力量，加强呼吸和血液循环，有助于保证体内新陈代谢的正常进行。

第三段　调理脾胃单举掌

【歌　诀】

调理脾胃单举掌，上托下按法无边。

松中有紧不僵硬，肝胆牵引固真元。

【练　法】

（1）开步与肩同宽，正身直立，两掌垂于体侧，呼吸自然。目视前方。（图5－13）

（2）身体左转，左腿承重四分，右腿承重六分。同时，双掌变拳，左拳向左前穿出，高与口平，拳眼向上；右拳随体转而动，置于左后臂近肘部内侧，拳眼向上。吸气，丹田向内凹，目视左前方。（图5－14）

（3）重心前移成左弓步。同时，两臂内旋，两拳变掌，右掌向前上托起，直臂停于头前上方，掌心斜向上，掌尖向后；左掌翻转下压，置于左臀部后侧，掌心向下，掌尖向前。呼气，丹田向外凸，意在两掌心劳宫穴对拉，目视前上方。（图5－15）

图5－13　　　　　　　　图5－14　　　　　　　　图5－15

（4）体向右转，两臂微外旋，两掌下落体侧，随之变拳向右侧前方穿出，动作与左钻拳、举掌相同，唯方向相反。（图5－16、图5－17）

（5）体向左转，两掌微外旋，回收垂于体侧；同时，吸气，丹田向内凹。然后，缓缓将气呼出，丹田向外凸，目视前方。（图5－18）

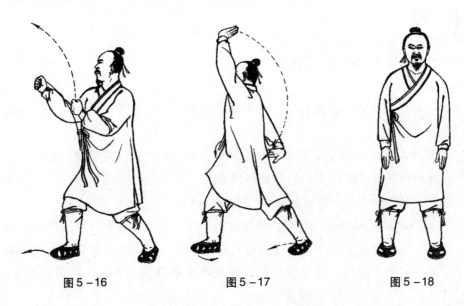

图5－16　　　　　　　图5－17　　　　　　　图5－18

【要　点】

此段是一掌上托，一掌下压，上下用力对撑的运动。经常练习此法，可以使脾、胃、肝、胆等器官得到调理，也可以使腰背、前后臂肌群受到牵拉，使胃肠蠕动和消化功能得到增强。

第四段　一切劳伤背后瞧

【歌　诀】

左右扭转向后看，虚实变换理自然。

左顾右盼颈椎转，日精月华育真丹。

【练　法】

（1）开步与肩同宽，正身直立，两掌垂于体侧，呼吸自然，目视前方。（图5－19）

（2）两腿屈膝成马步；同时，两掌变拳，由体侧上抄置于胸前，右拳在上，左拳在下，拳眼均向上、拳心向里。吸气，丹田向内凹，意在双拳握固，目视前方。（图5－20）

（3）右拳拳轮用力向下砸左拳拳眼，连续3次；同时，呼气，丹田向外凸，舌抵上腭，目微下视。（图5－21）

（4）全身不动，头部缓缓向左转；同时，吸气，丹田向内凹。目随头转，尽力左视。（图5－22）

图5－19

图5－20

图5－21

图5－22

（5）向右转头，与左转动作相同，方向相反。（图5－23～图5－25）

（6）头转正，两腿伸立，左脚略内收一小步，两脚平行，与肩同宽，两拳变掌下落垂于体侧；同时，呼气，丹田向外凸，目视前方。（图5－26）

【要　点】

此段以头部左右转动为主。左右砸拳要与呼气配合一致，气呼拳砸，气停拳止。左顾右盼时，头部要尽力向左右转，双目尽力轮睛注视，并且与吸气同时完成。这样对促进头部血液循环、增强颈部肌肉和颈椎的灵活性，能起到良好的作用；对消除大脑和中枢神经系统的疲劳，以及一切劳伤，都有防治作用。

图5－23

劳伤一般指：久视伤心损血，久坐伤脾损肉，久立伤肾损骨，久卧伤肺损气，久行伤肝损筋；大饱伤脾，大怒气逆伤肝，强举坐湿伤肾，受凉寒饮伤肺，忧愁思虑伤心，风雨寒暑伤形，恐惧过度伤志。经常练习此法，对因劳逸不当、活动失调、神经紊乱等造成的脏腑气血劳伤，都有良好的缓解作用。

图5－24

图5－25

图5－26

第五段　龙摇虎摆祛心火

【歌　诀】

龙摇虎摆祛心火，发汗祛热身坦然。

水火相济肾水生，腹内松静元精安。

【练　法】

（1）开步与肩同宽，正身直立，两掌垂于体侧，呼吸自然，目视前方。（图5－27）

（2）左脚向左侧跨一步，两腿屈膝成马步；同时，两臂内旋，两掌移向体前，掌尖相对，置于肚脐前，掌心向上，掌棱贴腹；吸气，丹田向内凹，目光内含。（图5－28）

（3）头与上身随转腰向左摆动，头尽量向左下摇动，臀部尽力向右侧摆动；同时，两掌翻转下按于丹田前，掌尖相对，掌心向下；呼气，丹田向外凸，目随身移。（图5－29）

图5－27　　　　　　　图5－28　　　　　　　图5－29

（4）以腰带动头和上体向后摆动，两臂伸直，两掌扶于两膝盖上；正身，头部向后仰；吸气，丹田向内凹，目向上视。（图5－30）

（5）以腰带动头和上体向右摆动，头尽量向右下摇动，臀部尽力向左侧摆动；同时，两掌收于腹前，掌尖相对，掌心向下；呼气，丹田向外凸，目随身移。（图5－31）

（6）以腰带动头和上体向前摆动，两臂伸直，两掌向下扶于膝盖上，上体随之立正；吸气，丹田向内凹，目视前下方。（图5－32）

（7）按上述动作，由左至右，接着由右至左，各转3圈。然后，两腿伸直，左脚内收一步，两脚平行，与肩同宽，正身直立，两掌垂于体侧；呼气，丹田向外凸，意在丹田。（图5－33）

图5－30

图5－31

图5－32

图5－33

【要　点】

此段是全身的摇摆旋转动作，由于幅度较大，并采用了三次呼吸转一周天的方法，对整个身体都有良好的锻炼作用。练习中，也可采用自然呼吸，或呼吸一次转一周的方法。

心火，狭义上是指受寒感冒发烧时出现的一些症状。心脏是五脏中最重要的一个器官，是人体之根本，如果功能失常，心火过甚，则易产生心烦、惊悸、失眠、多梦，甚至昏迷痴呆、狂躁不安等症。

练功中，集中意念，思想入静，肌体松弛，能起到调养心神、降心火、祛肝火等作用，而使人心定神宁，神宁心安，心安清静，不受外界事物干扰，发挥协调脏腑的功能，并使各脏腑间的关系达到相对平衡，各安其职，发挥自己应有的作用，消除非正常的神经紧张，从而使人健康长寿。

第六段　手拂脚面通背腰

【歌　诀】

手拂脚面通背腰，躬身前俯任督交。

意气相随人不老，腰活肾强风华茂。

【练　法】

（1）开步与肩同宽，正身直立，两掌垂于体侧，呼吸自然，目视前方。（图5-34）

（2）体向后仰，两手直臂向后，屈肘置于头后，掌心向上，拇指按在风池穴上；同时，吸气，丹田向内凹，目向上视。（图5-35）

图5-34

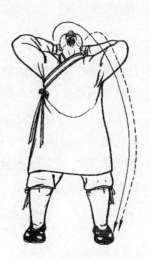

图5-35

（3）微向左转，上体尽量前俯，两膝挺直；同时，两掌由头后向左下按，置于左脚面上，右掌四指腹贴在左掌四指背上，掌心向下，目视掌背。（图5－36）

（4）起身，上体向后仰，两掌直臂后绕再向右俯身，动作与按左脚面相同，唯方向相反。（图5－37）

（5）起身，体向后仰；两掌上抬，置于额前，掌心向上，拇指相并。目视掌背。（图5－38）

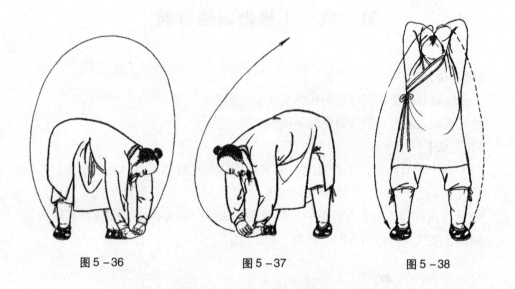

图5－36　　　　　图5－37　　　　　图5－38

（6）上体前俯，两掌由额前向下按，掌面按于两脚背上，掌尖向前。上体尽量向下俯，目视地面。（图5－39）

（7）立起上身，两臂外旋，两掌上翻置于胸前，掌尖相对，掌心向上；同时，吸气，丹田向内凹，目视前方。（图5－40）

（8）两臂内旋，两掌由胸前下压，落于体侧，正身直立；同时，呼气，丹田向外凸。目视前方。（图5－41）

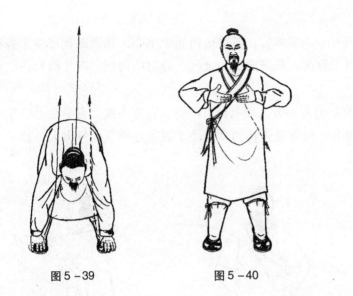

图 5 - 39　　　　　　　图 5 - 40　　　　　　　图 5 - 41

【要　点】

此段动作以前俯、侧俯、仰体为主，可以伸展腰腹、背部肌肉群。两臂尽力向下侧伸，对腰、肾都有一定的作用。

腰在整个运动中起主宰作用。气聚丹田，机关在腰，腰不活，则气馁而不实。腰是人体重要的组成部分，包括腰肌、腰间神经、腰椎骨骼等。进行腰的俯仰运动，实际上带动了腰腹内的人体组织和各器官的运动。坚持习练此法，可以使腰肾功能加强，各组织、器官特别是肾脏、肾上腺功能得到加强，有助于防治常见的腰肌劳损、肾水不足、遗精等病症。

第七段　咬牙瞪目长精神

【歌　诀】

拳头握固趾抓地，咬牙瞪目精神聚。

心知神会浮世传，造化大千法无际。

【练　法】

（1）开步与肩同宽，正身直立，两掌垂于体侧，呼吸自然，目视前方。（图

5-42)

（2）两腿屈膝成马步；两掌外旋，各掌拇指屈于掌心，其余四指屈握于拇指上握固，双拳上翻收抱于腹前，拳眼向上；吸气，丹田向内凹，咬牙瞪目，注视前方。（图5-43）

（3）体向左转，重心前落四分，后六分；同时，右臂内旋，右拳经上向左劈出，与肩同高，拳眼向上；左拳随体转动，仍停于腹前；呼气，丹田向外凸，咬牙瞪目。（图5-44）

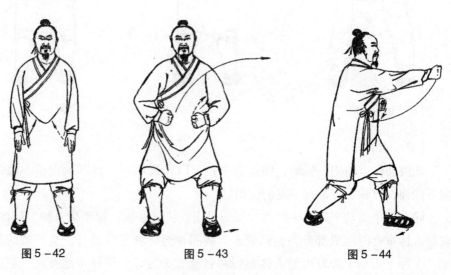

图5-42　　　　图5-43　　　　图5-44

（4）体右转，仍成马步；同时，右拳收回，置于腹前；吸气，丹田向内凹，咬牙瞪目，注视前方。（图5-45）

图5-45

（5）体右转，重心前四后六；同时，左臂内旋，左拳经上向右劈下，与肩同高，拳眼向上；右拳停于腹前；呼气，丹田向外凸，咬牙瞪目。（图5－46）

（6）体向左转，仍成马步；同时，左拳收回，停于腹前；吸气，丹田向内凹，咬牙瞪目，注视前方。（图5－47）

（7）两腿伸膝直立；两臂内旋，两拳变掌下落垂于体侧；同时，呼气，丹田向外凸，目视前方。（图5－48）

图5－46

图5－47

图5－48

【要　点】

此段以咬牙瞪目、马步左右劈拳为主。练习中要求脚趾用力抓地，涌泉穴回缩上提。握固之法就是拇指掐住无名指根节，其余四指齐收掌心，用力握拳，是导引按摩的一种方法。常习之，五脏安康，耳目聪明，牙齿坚固。

练习时，要聚精会神，咬牙瞪目，使大脑皮层和自主神经兴奋，加强气血运行。瞪目可以增加握力，使眼肌发达，对强化颈部肌肉、交感神经也可起到有益的作用。牙为骨梢属肾，可以化精填骨，骨实齿坚。

第八段　马上三颠饮食消

【歌　诀】

立定双足路途簸，马上三颠饮食消。

顶门之核露堂堂，脚跟之机活泼泼。

【练法】

（1）开步与肩同宽，正身直立，两掌垂于体侧，呼吸自然，目视前方。（图5-49）

（2）两脚前掌用力蹬地，脚跟离地悬提；同时，吸气，丹田向内凹，目视前方。（图5-50）

（3）重心下降，脚跟下压着地；同时，呼气，丹田向外凸，目视前下方。（图5-51）

（4）体向左转，两脚掌用力蹬地，脚跟悬提；同时，右臂内旋，右掌半握拳由体侧向前上提起，与肩同高，似拉马缰绳一般，拳眼向上；左掌随之上举，屈肘停于头左侧，掌心向上；吸气，丹田向内凹，目视前方。（图5-52）

图5-50

图5-51

图5-52

（5）重心下降，脚跟落实；两手收回垂于体侧；同时，呼气，丹田向外凸，目视前下方。（图5－53）

（6）体向右转，两脚掌用力蹬地，脚跟提悬；同时，左臂内旋，左掌半握拳由体侧向前上提起，与肩同高，似拉马缰绳一般，拳眼向上；右掌随之上举，屈肘停于头右侧，掌心向上；吸气，丹田向内凹，目视前方。（图5－54）

（7）重心下降，脚跟落实；同时，两掌（左拳变掌）收回垂于体侧；同时，呼气，丹田向外凸，目视前方。（图5－55）

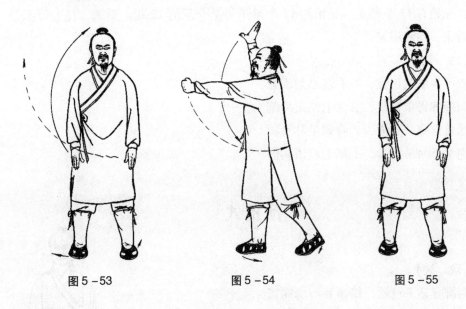

图5－53　　　　　　　图5－54　　　　　　　图5－55

【要　点】

此段以提踵、上颠、左右拉缰绳为主。一开一合，一呼一吸，一颠一簸，要与丹田凸凹配合一致，同步运行。练习此法，如在马背上颠簸一样，可以帮助消食化气，又可以使全身各个器官、系统都受到震动的锻炼而提高其功能。

练习时要排除杂念，精神集中，松而不懈，紧而不僵，不用拙力笨劲。上下相随，完整一气，动作圆活连贯，绵绵不断。

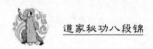

第六章 昆仑两仪八段锦

昆仑派以山得名，自立一派。据传，昆仑派源于周朝武王时期。鸿钧一道传三友，即老子、元始、通天。老子、元始为昆仑派的始祖。老子（李耳）有1个弟子，元始有12个弟子。元始的12个弟子为昆仑派的12祖。后来，昆仑派又分东西两家，均属道家。

【总　诀】

双手摘星利三焦，左右弯弓射大雕。

调理脾胃单臂举，五劳七伤眼后瞧。

摇首摆臀祛心火，俯身攀足壮肾腰。

攒拳怒目易筋骨，七颠七簸诸病消。

预备式

【歌　诀】

两脚分开平行站，横步要与肩同宽。

头正身直腰松腹，两膝微屈对脚尖。

双臂松沉掌下按，手指伸直要自然。

凝神调息垂双目，静默呼吸守丹田。

【练　法】

自然站立，两脚微开与肩同宽，双膝略屈；全身舒松，头往上顶，腹部微收，双目微合，舌尖轻舐上腭；双掌下垂体侧，双手指尖触于两大腿外侧并微屈，双膝略屈。然后平心静神调息。（图6－1）

图6－1

第一段 双手摘星利三焦

【歌 诀】

旋腕转掌小腹侧，翻掌向上意摘星。

踮足摘取七次后，双手捧抱式还原。

式随气走要缓慢，一呼一吸一周旋。

呼气尽时停片刻，随气而成要自然。

【练 法】

（1）两掌内旋腕使掌心向上，掌尖正对腰肋时，两掌立即外旋使掌心向下，掌指向前，继向小腹前画圆，停于腹前成按掌式。（图6-2～图6-4）

图6-2

图6-3

图6-4

（2）两掌外翻自胸前经面部向头顶上方托举而起，掌尖相对，两臂成环拱状；同时，仰面向上，目视双掌背。（图6-5）

（3）脚跟提悬，脚前掌支撑身体平衡；两掌向上尽力托举，意似双手摘星时差距毫厘而够不着，两臂向上伸托7次。双脚前掌支撑地面不可摇晃。（图6-6）

（4）7次毕，双掌随脚跟落地向前方缓缓下落，至小腹前成抱球状；二目平视前方。（图6-7）

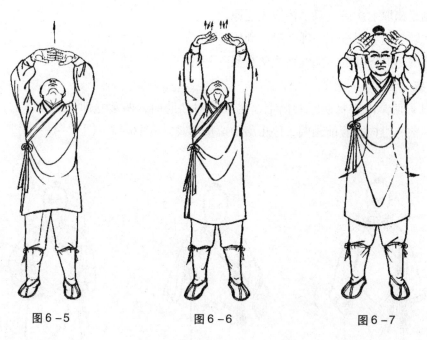

图6-5   图6-6   图6-7

【功　效】

上举吸气时，胸腔位置提高，增大膈肌运动，加大呼吸深度，减小内脏对心肺的挤压，有利于静脉血回流心脏，使肺的机能充分发挥。另外，上举吸气，使横膈膜下降，由于抬脚跟站立，自然使小腹内收，从而形成逆呼吸，使腹腔内脏得到充分按摩。呼气时上肢下落，膈肌向上松弛，腹肌亦同时松弛，此时腹压较一般深呼吸要低得多，这就改善了腹腔和盆腔内脏的血液循环。平时，人两掌总是处于半握拳或握拳状态，由于双掌上托，使手的肌肉、骨骼、韧带等均得以调理。

此段功除充分伸展肢体和调理三焦外，对腰背痛、背肌僵硬、颈椎病、眼疾、便秘、痔疮、腿部脉管炎、扁平足等也有一定的防治作用。此式还是舒胸、消食通便、固精补肾、强壮筋骨、解除疲劳的极佳方法。用以治疗预防脉管炎时，要取高抬脚跟的方法，每次要反复练习。

第二段 左右开弓射大雕

【歌 诀】

弓箭步蹲要稳健，双手交叉左胸前。

左推右拉似射箭，左手食指尖朝天。

身随腰转换右式，双手交叉右胸前。

右推左拉试臂力，双手环抱式还原。

【练 法】

（1）两掌相抱，两前臂上提，掌心相对，掌尖向下，提至腋前。（图6-8、图6-9）

（2）左脚脚尖外摆，足跟抬悬，重心移于右腿的同时，身体缓缓左转成左虚步；两掌一齐内旋交叉于胸前，右掌在外，左掌在内。目视左前方。（图6-10）

图6-8

（3）左脚向前一步，在右脚蹬地左膝前弓的同时，左掌向前平推而出，五指微屈，掌心向前。在左掌推出距肩约1尺时，食指伸直，其余四指屈扣；右手屈指，拇食二指相扣，其余三指屈于掌心。两掌同时用力，左掌前推伸，右手屈肘后拉停于右肩前，状似拉弓射箭，使弓如满月。（图6－11、图6－12）

（4）右手松拇食二指向左移于颌下，左手略收；以此为蓄势，继而右手拉、左掌推，成拉弓射箭动作。（图6－13、图6－14）

图6－9　　　　　　图6－10　　　　　　图6－11

图6－12　　　　　　图6－13　　　　　　图6－14

（5）至"弓如满月"时，松身呼气，重心后坐，左脚尖跷起内收，使两脚间距与肩同宽；左掌内合，与右掌成抱球状于胸前。（图6－15、图6－16）

（6）右脚尖外展，抬悬脚跟，上体右转的同时，重心落于左腿成右虚步，两掌内合交叉于胸前，目视右前方。（图6－17）

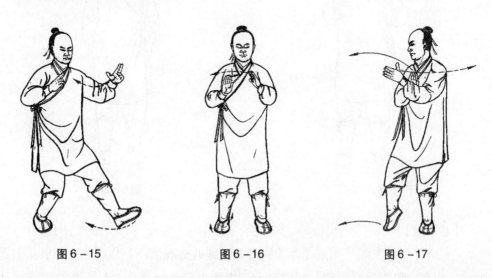

图6－15　　　　　　　　图6－16　　　　　　　　图6－17

（7）练习右式开弓动作，方法与左式相同，方向相反。（图6－18～图6－21）

（8）结束时，两掌下落于小腹两侧成抱球状，掌心相对，掌尖向下，调匀呼吸。（图6－22）

图6－18　　　　　　　　图6－19　　　　　　　　图6－20

图 6 – 21   图 6 – 22

【功　效】

"左右开弓射大雕"重点是改善胸椎、颈部的血液循环。临床上对脑震荡引起的后遗症有一定的治疗作用，同时对上、中焦内的各脏器，尤对心肺给予节律性的按摩，因而增强了心肺功能。通过扩胸伸臂，使胸肋部和肩部的骨骼肌肉得到锻炼和增强，有助于保持正确姿势，矫正两肩内收、圆背等不良姿势。

第三段　调理脾胃单臂举

【歌　诀】

双掌揉球转胸前，左上右下臂浑圆。

左掌旋臂托天去，右掌翻转撑下间。

双掌均沿胃经走，换臂托按次循环。

呼尽吸足勿用力，双掌伸拔涌动练。

【练　法】

（1）两掌沿腹侧向上提至腋前，仍成掌心相对，掌指向下。随即，模拟揉球

至胸前，左掌在上，右掌在下。继而左掌外翻成掌心向上于下颌前，右掌内翻成掌心向下于胃脘前。（图6-23、图6-24）

（2）调匀呼吸后，左掌沿面部前上托至头顶上方，掌尖向右；右掌下撑至右大腿侧，掌心向下，掌尖斜向前方。（图6-25）

（3）动作定势之后，两掌不变，以两肩着力，收伸两臂发力7次。然后，左掌向左画圆下收，右掌向上划，使两掌于胸腋前成抱球状。（图6-26）

（4）调匀呼吸后，右掌沿面部上托至头顶上方，掌尖向左；左掌下撑至左大腿侧，掌心向下，掌尖斜向前方。（图6-27）

图6-23　　　　　　图6-24

（5）动作定式之后，两掌不变，以两肩着力，收伸两臂发力7次。然后，右掌向右画圆下收，左掌向上划，使两掌于胸腋前成抱球状。二目平视前方。（图6-28）

图6-25　　　　　图6-26　　　　　图6-27　　　　　图6-28

【功　效】

"单臂举"主要作用于中焦，肢体伸展宜柔宜缓。由于两掌交替一手上举一手下按，上下对拔拉长，使两侧内脏和肌肉受到协调性的牵引，特别是使肝、胆、脾、胃等脏器受到牵拉，从而促进了胃肠蠕动，增强了消化功能，长期坚持练习，对上述脏器疾病有防治作用。熟练后亦可配合呼吸，上举吸气，下落呼气。

第四段　五劳七伤眼后瞧

【歌　诀】

双掌捧抱似拜月，翻掌分展臂外旋。

头应随手向左转，引气向下至涌泉。

呼气尽时平松静，双臂旋举掌托天。

继续运转成右式，双掌抱气归丹田。

【练　法】

（1）两肘上提，使两大臂与肩平，掌尖向下，拇指向内，停于两胁侧；同时，用鼻均匀调息。继之，两掌尖内划上移，至胸前双掌相合。目视前方。（图6－29～图6－31）

图6－29　　　　　　　图6－30　　　　　　　图6－31

（2）两掌左右分开外展，上体缓缓向左转动。两脚十趾抓地扣紧，不可移动。至两臂展平时，上体已转至左后侧，二目尽力向左后睁目怒视；两掌竖腕，掌尖向上。（图6－32、图6－33）

（3）上体缓缓回转；同时，两臂内合，至面向正前方时，两掌内合于胸前。（图6－34、图6－35）

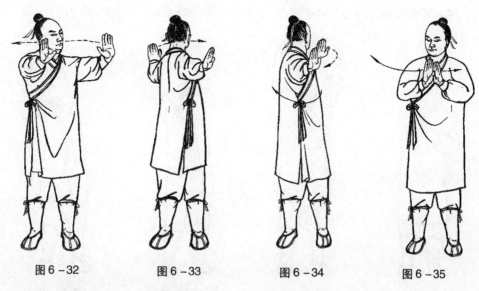

图6－32　　　　图6－33　　　　图6－34　　　　图6－35

（4）接着向右转，动作与左转相同，方向相反。（图6－36～图6－40）

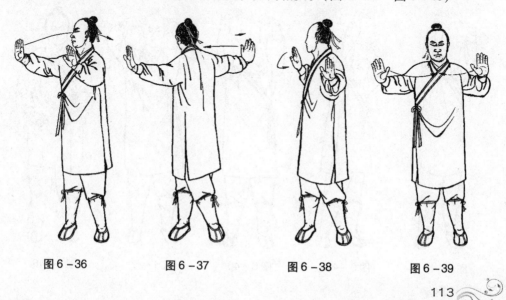

图6－36　　　　图6－37　　　　图6－38　　　　图6－39

（5）调匀呼吸后，两掌尖相抵，掌根分开向上托举而起。随着托举之势，仰面上视掌背。（图6－41）

（6）上体左转，至极限，二目尽量向左后视，两臂带肩、胸向左后闪动3次。（图6－42、图6－43）

（7）上体向右转，方法与左侧相同。（图6－44、图6－45）

（8）动作完毕，回身面对正前方。继而两掌按落于腹前。（图6－46～图6－48）

图6－40   图6－41   图6－42   图6－43

图6－44   图6－45   图6－46   图6－47   图6－48

【功　效】

五劳是指心、肝、脾、肺、肾因劳逸不当、活动失调而引起的损伤。七伤指喜、怒、忧、思、悲、恐、惊等情绪对内脏的伤害。由于精神活动持久地过度强烈紧张，造成神经机能紊乱，气血失调，从而导致脏腑功能受损。

该段动作实际上是一项全身性的运动，尤其是腰、头颈、眼球等的运动。由于头颈的反复拧转加强了颈部肌肉的伸缩能力，改善了头颈部的血液循环，有助于解除中枢神经系统的疲劳，增强和改善其功能。此段对防治颈椎病、高血压病、眼病和增强眼肌有良好的效果。练习时要精神愉快，面带笑容，乐自心生，笑自心起，只有这样配合动作，才能起到对五劳七伤的防治。

另外，此段不宜只做头颈部的拧转，要全脊柱甚至两大腿也参与拧转，只有这样才能促进五脏的健壮，对改善静脉血的回流有更大的效果。

第五段　摇首摆臀祛心火

【歌　诀】

马步桩稳左右转，双掌扶膝俯首变。
头随呼气宜下俯，双目却看此脚尖。
吸气还原接另式，弓步推掌似揉茧。
如此往返随气练，气不可浮意要专。

【练　法】

（1）两掌向下扶于膝盖之上，上身收缩的同时，两膝内扣，收提左脚跟向左摆一步成马步桩。（图6－49、图6－50）

（2）上体向右膝前俯，使面部低于膝部，随即缓缓经前向左侧移动，至左侧方之极限时，上身缓缓立起成左弓步；右掌向左前方抬起，左掌扶住左膝不离，目视右掌。（图6－51～图6－53）

（3）右掌竖腕使掌尖向上，以掌根为力点，做推揉动作7次。（图6－54）

图 6 −49

图 6 −50

图 6 −51

图 6 −52

图 6 −53

图 6 −54

（4）收回右掌扶在右膝上，练习左式，动作与右式相同，唯方向相反。

（5）动作完成，即收左掌扶于左膝上。身体转正后，抬身收手，左脚向右脚内侧收拢，两脚相距约与肩宽，平心静息，二目平视前方。（图6－55～图6－57）

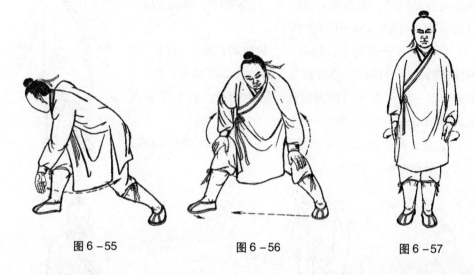

图6－55　　　　　　　　图6－56　　　　　　　　图6－57

【功　效】

此段动作除强调"松"，以解除紧张并使头脑清醒外，还必须强调"静"。俗话说静以制躁。心火为虚火上炎、烦躁不安的症状，对此虚火宜在呼气时以两手拇指做掐腰动作，引气血下降。同时进行的俯身旋转动作，亦有降伏心火的作用。动作要有逍遥自在之感，并延长呼气时间，消除交感神经的兴奋，以去心火。练习此式对腰、颈关节、韧带和肌肉等亦有一定的保健作用。

第六段　俯身攀足壮肾腰

【歌　诀】

两足横开一步宽，两手平扶小腹前。

双掌向上托云天，吸气俯身手下渐。

势随气走定深浅，一撑一收贴脚尖。

117

手势引导勿用力，松腰收腹守涌泉。

【练　法】

（1）两掌内旋画圆成掌心向下，至小腹前成按掌。两掌外翻成掌心向前的同时，向头顶上方托举，掌尖相对，掌心向上。仰面目视掌背。（图6－58～图6－60）

（2）两掌左右分展向下；同时，上身前俯，低头弯腰，待两掌贴住两膝外侧时停住。全身蓄力，摇动髋部至膝盖，然后，两掌尖向下，一点一点地向地面接近，量力而行，直至手掌在两脚尖前撑贴地面而止。（图6－61）

（3）起身，双掌提至小腹前停住，掌心向下，掌尖向前；调匀呼吸，全身放松。（图6－62）

图6－58

图6－59

图6－60

图6－61

图6－62

【功　效】

腰是全身运动的关键部位，这一式主要运动腰部。由于腰的节律性运动（前后俯仰），也改善了脑的血液循环，增强神经系统的调节功能及各个脏器的生理功能。长期坚持锻炼，能强腰、壮肾、醒脑、明目，并使腰腹肌得到锻炼和加强。年老体弱者，俯身动作应逐渐加大，严重的高血压病和动脉硬化患者，俯身时头不宜过低。

第七段 攒拳怒目易筋骨

【歌 诀】

开裆蹲立怒眼睁，双拳束抱在腰间。

拳引内气随腰转，前打后拉两臂旋。

吸气收回呼气放，左右轮换眼看拳。

两拳运动抖颤劲，收脚按掌式还原。

【练 法】

（1）两掌翻转成掌心向上，上抬至与肚脐平齐时，两肘后拉，掌至腰间则屈指握拳抱于腰侧。二目平视正前方。（图6－63、图6－64）

（2）吸气，右拳提起至与右肩平齐，拳心向内，此时气吸满。用鼻喷气催力的同时，右拳猛地翻转向前抖出，突出"寸劲"，高与乳平，拳心向下。二目圆睁，怒视前方。（图6－65）

图6－63　　　　　　　　图6－64　　　　　　　　图6－65

（3）鼻吸气，右拳收回腰间，左拳上提。左拳提至与左肩同高时，配合鼻喷气之际，向前抖出，突出"寸劲"。二目圆睁，怒视前方。（图6－66、图6－67）

按上述动作左右拳各出36拳或108拳，据自己体力而行。

（4）打完之后，两拳变掌下收，至小腹前成抱球状；同时，左脚内收至右脚内侧，并步而立。二目平视正前方。（图6－68、图6－69）

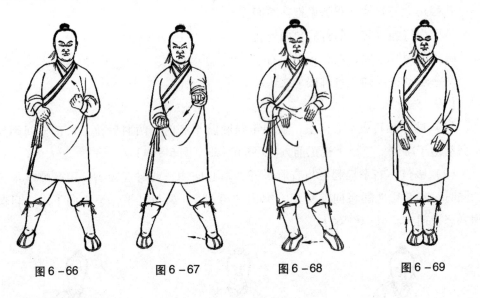

| 图6－66 | 图6－67 | 图6－68 | 图6－69 |

【功　效】

此段动作要求两拳握紧，两脚拇趾用力抓地，舒胸直颈，聚精会神，瞪眼怒目。主要运动四肢、腰部、眼肌。可舒畅全身气机，增强肺气，同时使大脑皮层和自主神经兴奋，有利于气血运行，并有增强全身筋骨和肌肉的作用。

第八段　七颠七簸诸病消

【歌　诀】

两腿并立撇足尖，足尖用力足跟悬。

呼气上顶手下按，落足呼气一周天。

如此反复共七遍，全身气走回丹田。

全身放松做颤抖，自然呼吸归自然。

【练　法】

（1）两掌下落贴于体侧，以两脚前掌撑地，足跟抬悬。吸气至满后，用鼻猛地喷气，脚跟猛地下落，全身同时抖振一下。一起一落为1遍，反复7遍。（图6－70、图6－71）

（2）动作完毕，左脚略微外摆，两掌向上左右抬臂，举至头顶上方时，自面前压下至小腹前，右手抱住左掌，左掌握住右手拇指。然后调息。（图6－72）

（3）意守丹田至心平气静后，两手放于体侧如起式。（图6－73）

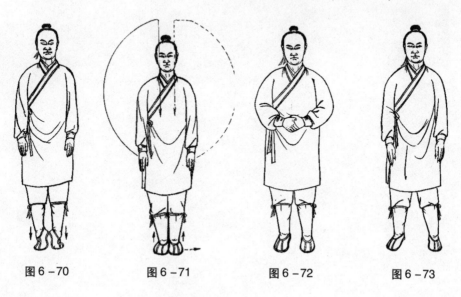

图6－70　　　　　图6－71　　　　　图6－72　　　　　图6－73

【功　效】

此段通过肢体导引，吸气时两臂自身侧上举过头，呼气时下落，同时放松全身，并将"浊气"自头向涌泉引之，排出体外。"浊气"是指所有紧张、污浊病气。古人谓之"排浊留清"或"去浊留清"。

由于脚跟有节律的弹性运动，椎骨之间及各个关节韧带得以锻炼，对各段椎骨的疾病和扁平足有防治作用，同时有利于脊髓液的循环和脊髓神经功能的增强，进而加强全身神经的调节作用。

第七章　峨眉养生八段锦

　　峨眉养生八段锦为道家之功，在练功中，动静相兼，注重形、意、气三者合一，关键又在"松静"二字。在动作上讲究手眼相随，准确连贯，放松筋肌、腰胯，沉肩坠肘，含胸实腹。在意念上应排除杂念，意守丹田，不用僵力，松静自然，配合呼吸时要做到均匀、细长、和缓。

　　久练此功，可达到强筋壮骨、益肝固肾、清心明目、润面聪耳、祛病延年等功效。

【总　诀】

　　托云摘星三焦健，左右开弓似射箭。

　　单臂托举调脾胃，转身伏虎五劳兔。

　　俯身旋转心火平，白鹤亮翅壮肾元。

　　攒把怒目增劲满，白猿降龙疾病痊。

预备式

　　立正姿势站好，两掌心贴于大胯两侧，头正身直，周身自然放松，平视正前方，调匀呼吸，平心静息。（图7－1）

图7－1

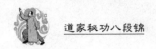

第一段　托云摘星三焦健

【歌　诀】

托运摘星三焦健，臂举胯坐肋要伸。

掌入云中把星摘，扣紧十指玄中玄。

【练　法】

（1）左脚向左侧摆跨一步，屈膝成马步；同时，两掌握拳收抱于腰间。（图7－2）

（2）双拳变掌由外向内转，随即向上伸托，动作缓慢，用意不用力，双掌尖向上，掌心相对。目平视前方。（图7－3）

（3）动作不停，双掌旋转抓握，指内扣成拳，缓缓拉回腰际，目视正前方。（图7－4）

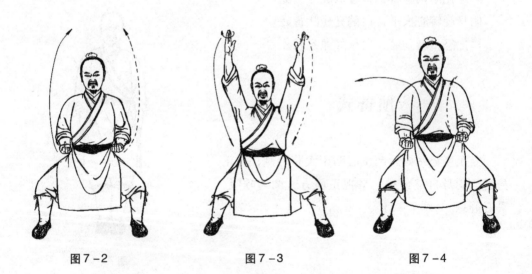

图7－2　　　　　　　　　图7－3　　　　　　　　　图7－4

第二段 左右开弓似射箭

【歌 诀】

舒臂拉开铁雕弓，弓如满月扩前胸。

一左一右展臂力，上焦各脏得兴隆。

【练 法】

（1）双拳由腰间向上移于胸前，拳眼相对，随后右手如握弓，左手如扣弦（拳眼向上）。然后，下盘马步桩变成左弓步（横裆步）。同时，右手从胸前向右撑出；左手自胸前贴肩后拉，拳心贴于左肩。目视右拳。（图7－5）

（2）右手回收，两手变成左手握弓，右手扣弦。然后上体左转，下盘桩步变为右弓步（横裆步）；同时，右手贴胸后拉移于右肩前，屈肘抬与肩平。目视左拳。（图7－6）

图7－5

图7－6

（3）上体左趋，右腿蹬劲挺直，左膝前弓，右拳顺势缓缓向左前方伸出，拳眼向上；左臂屈肘，肘弯成90度，拳面贴于右腋前，拳心向下。目视右拳。（图7－7）

（4）上体右转成右弓步，右手内收屈肘（肘弯成90度角），左拳随转动之际向右前方缓缓伸出，拳眼向上，右拳面贴于左腋前后臂内侧。目视前方。（图7－8）

（5）身体左转成马步，左手内收与右手交叉于胸前。随即双手上举至头顶，双腕交叉，掌心向上。（图7－9）

（6）双掌缓缓下放，于裆前交叉。（图7－10）

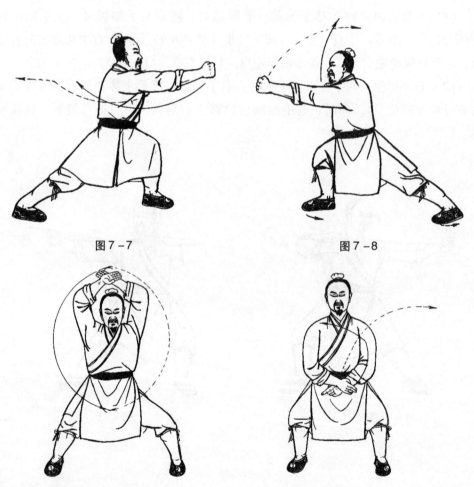

图7－7

图7－8

图7－9

图7－10

（7）双掌同时上提至胸，随即左手拇、中、无名指及小指弯曲，食指伸直，成八字掌，向左侧柔缓推出，高与肩平；右手做扣弦动作向右回拉，中、无名、小指扣握于掌中，拇食二指相扣，虎口成圆形，臂屈抬平，肘尖与肩同高。头左转，目视左掌。（图7－11）

（8）双掌内合交叉回放于裆前。（图7－12）

（9）双掌上提至胸前；同时，右手成八字掌，向右边柔缓推出，高与肩平；左手做扣弦动作向左边回拉。头右转，目视右掌。（图7－13）

图 7－11

图 7－12

图 7－13

第三段　单臂托举调脾胃

【歌　诀】

单臂托举左右换，脾胃得调五脏旺。

动缓意注在掌指，如摘星辰开云朗。

【练　法】

（1）双掌在颏下相合，即向左右展臂分开，掌心向下，目平视前方。（图7－14）

（2）两掌旋扣握指成拳，缓缓收抱于腰间。（图7－15）

（3）左手由拳变掌，由外向内旋、向上伸出，高举于头顶上空，掌尖向上。（图7－16）

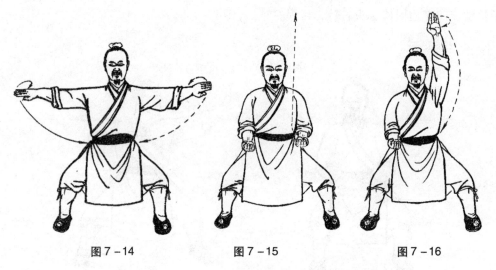

图7－14　　　　　　　　图7－15　　　　　　　　图7－16

（4）动作不停。左腕内旋内屈指扣握，由掌变拳缓缓弧形收回左腰间。双眼随着左手移动，当左拳收于腰间后，眼平视前方。（图7－17）

（5）右拳变掌由外向内旋，然后伸臂向头顶上方伸举，掌尖向上，掌心向前。（图7－18）

（6）动作不停，右掌屈指扣握旋抓（由外至内）成拳，自后侧缓缓收落，抱于腰际，眼随手走，至右手抱腰时，目则平视前方。（图7－19）

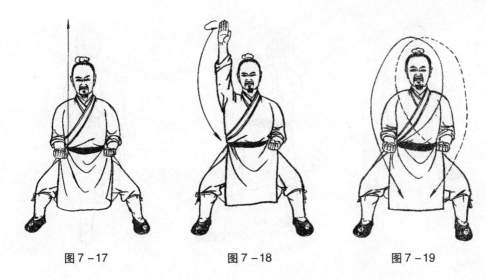

图 7－17　　　　　　　　图 7－18　　　　　　　　图 7－19

第四段　转身伏虎五劳免

【歌　诀】

左旋右转龙出洞，伏虎上步开心胸。

五劳得调永劳逸，七伤情绪一样同。

【练　法】

（1）接上式，双拳变掌交叉从体中线（头顶与会阴的连线）向上举过头顶，以画弧状展臂下落至裆前，掌尖向下，掌心斜对。此式动作反复 3 次后，再接练下式。注意：眼随手动，动作结束后目视正前方。动作应柔和缓慢，用意不用力，呼吸自然。（图 7－20）

图 7－20

（2）左脚向正前方上步成左弓步；同时，双掌变拳置于右腰际。（图 7－21）

（3）右脚再向前上步；同时，上体左转，随左转体之际，双拳顺势缓慢从腰际向左前冲推出；身体略侧，微向前倾，此时步形成左弓步，眼视左前方。（图 7－22）

（4）身体右转，双膝微屈，重心落于左腿成伏虎步，在身体转动的同时，双拳变掌，右手在前，左手在后，并向右下方画弧，交叉于右大腿上方。目视前方。（图 7－23）

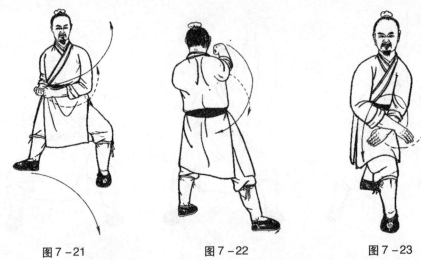

图7－21　　　　　　　图7－22　　　　　　　图7－23

（5）动作不停。右手变拳，右肘微屈的同时拳面立于右大腿上方；同时，左手翻腕上抬，肘与肩平，肘弯成45度角，拳背向上。目视前方。（图7－24）

（6）右脚收至左脚内侧，随即向右侧横跨一步，成右弓步；同时，双拳回收在右腰际。目视前方。（图7－25）

（7）动作不停，左脚向正前方上一步，成左弓步；同时，双拳从腰间随着身体的转动柔缓向前冲推出，拳心相对，两拳之间距离约15厘米，右拳在上，左拳在下，手臂似屈非屈、似直非直。上体略侧，目视前方。（图7－26）

图7－24　　　　　　　图7－25　　　　　　　图7－26

（8）双脚由弓步变为左伏虎步；同时，双拳变掌下画弧，交叉于左膝上方。（图7－27）

（9）动作不停，右手向上画弧，左手向上、向左下画弧。右掌在画弧过程中由掌变拳，右手屈肘抬与肩平，肘弯约45度角；左手微屈肘，拳面立于左大腿上方。目视前方。（图7－28）

（10）左脚向左后撤摆一步，两腿屈膝，变为马步桩；同时，两手由拳变掌，右掌下放，左掌上划，双掌交叉于胸前，双肘平齐。眼平视前方。（图7－29）

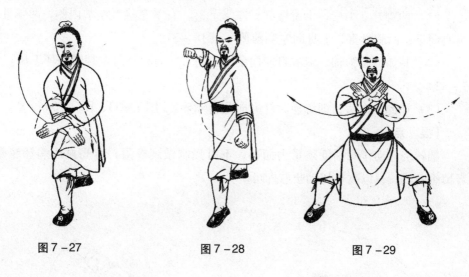

图7－27   图7－28   图7－29

（11）双掌轻柔、缓慢地向左右两边分展出，使双掌、手臂、肩在一条直线上，掌心向下。目视正前方。（图7－30）

图7－30

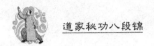
第五段　俯身旋转心火平

【歌　诀】

两掌前伸俯腰身，低首仰面旋转频。

腰为轴心分左右，头摇尾摆心火平。

【练　法】

（1）两脚开立不变，上身略起；左掌下落，右掌左移至左掌内侧，两掌并排，掌心向下；两膝挺直，上身向左侧前俯。（图7－31）

（2）身体以腰为轴，双掌自左向前下、向右、向后、向左翻转绕环1周。（图7－32）

（3）如此3次后，即练逆时针方向翻转绕环。（图7－33、图7－34）

【要　点】

翻转绕环动作的幅度须量力而行，不可强制做到极限，有高血压病和眩晕病者慎练此式，只以高桩扭动腰肢即可。

图7－31

图7－32

图7-33

图7-34

第六段　白鹤亮翅壮肾元

【歌　诀】

展翅欲飞息归根，久久练之气归元。

命门火旺补心药，开合双臂转丹田。

【练　法】

（1）转腰俯身至右侧方时，左腿蹬力成右弓步；同时，双掌交叉，右掌在下，左掌在上，向右膝前下按推。（图7-35）

图7-35

（2）左脚向右脚内侧并步，并脚伸膝直立；同时，右掌上划托举于头顶上方，掌心向前；左手向左侧划，抬成平臂，五指并拢，成勾手。目视正前方。（图7-36）

（3）左脚向左侧方横跨一步，成左弓步；同时，上体左拥，右掌自上至左下划按。至与左掌相贴交叉时，双掌向左膝前按推，交叉于左大腿上方，右掌在上，左掌在下。目视双掌。（图7-37）

（4）动作不停，右脚向左脚内侧收拢成并步，伸膝立正；同时，左掌举臂上划，举于左侧头顶上方，掌心向前；右手向右划，抬至肩平，五指合拢成勾手。目视正前方。（图7-38）

（5）右脚向右跨步屈膝，成右弓步；同时，双手成掌，向右下按落收至脐前，成抱球式，左掌在上，右掌在下。目视双掌。（图7-39）

图7-36

图7-37

图 7 -38

图 7 -39

第七段　攒把怒目增劲满

【歌　诀】

攒把扣指拳握紧，怒目肝动劲力生。

疏肝理气调郁滞，筋骨肌肉精气神。

【练　法】

（1）左脚略收，蹲成马步；同时，双手握拳收抱于腰间，平视正前方。（图7 -40）

（2）左拳变掌向正前方柔缓推出，肘臂似屈似直。（图7 -41）

（3）左掌转腕，从小指至拇指向掌心屈握，扣拢成拳，拳心向上。（图7 -42）

（4）左拳缓缓拉回收抱腰际的同时，右拳变掌自腰间向正前方缓缓推出，掌尖与肩同高，肘臂似屈似直。（图7 -43）

（5）右掌转腕，从小指至拇指向掌心屈握，扣拢成拳，拳心向上。（图7 -44）

（6）将右拳缓缓拉回收抱于腰间，平视正前方。（图7 -45）

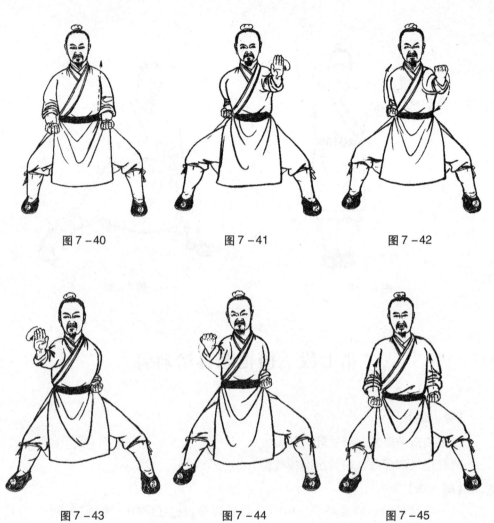

图 7 - 40　　　　　　　图 7 - 41　　　　　　　图 7 - 42

图 7 - 43　　　　　　　图 7 - 44　　　　　　　图 7 - 45

（7）双拳变掌自腰间向正前方缓缓推出，掌尖高与肩平，肘臂似屈似直。（图7 - 46）

（8）两手同时动作，从小指至拇指向掌心屈握，扣拢成拳，拳心向上。（图7 - 47）

（9）双拳同时缓缓拉回，至肩前时，变掌内合交叉于颌下。继之，翻转掌心，左右腕相贴，右掌在外，左掌在内。目视正前方。（图7 - 48）

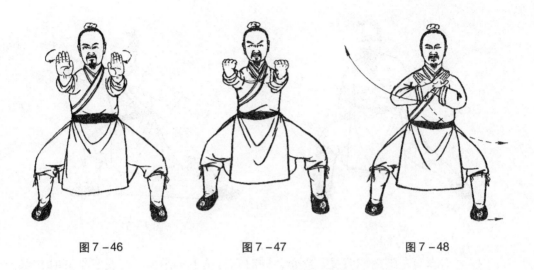

图7－46　　　　　　图7－47　　　　　　图7－48

第八段　白猿降龙疾病痊

【歌　诀】

百病皆由心上生，驱除魔障一层层。

降龙桩法火温水，坎离既济不坏身。

【练　法】

（1）右掌向右侧上方缓缓伸出，掌心向上；同时，左掌向左侧下斜下方缓缓伸出，掌心向下，两肘略屈。此时上体右转成右弓步，目视右掌。（图7－49）

（2）身体左转成左弓步；同时，右掌向左下划落，左掌内划，双掌如抱球于肚脐前，右上左下。（图7－50）

（3）左掌向左斜上方伸展，右掌向右斜下方伸展，双掌同时进行，双肘略屈，左掌心向上，右掌心向下，目视左掌。（图7－51）

图7－49

137

图7-50

图7-51

（4）右脚向左脚内侧收拢，立正；同时，右掌上抬画弧，与左掌平齐时，双掌掌尖相对略张，缓慢下按推至腹前。（图7-52）

（5）动作不停。双掌向上由胸前上托，至头顶上方分开，掌尖向上，掌心微相对。（图7-53）

（6）双掌缓慢向左右分张画弧收于大腿两侧，调匀呼吸，全功结束（图7-54）。

图7-52

图7-53

图7-54

第八章　道家钟离八段锦

道家钟离八段锦，也称"古传立功八段锦"，最早记载于清代娄杰所辑之《八段锦坐立功图诀》一书，后来数代养生家在修炼过程中根据自身特性所悟，逐步加以改进和完善。这是一套与世传八段锦迥然不同的功法，今收录整理于此，以便诸君参考研究。

【总　诀】

手把碧天擎，雕弓左右鸣。

鼎凭单臂举，剑向半肩横。

擒纵如猿捷，威严似虎猛。

更同飞燕急，立马告功成。

预备式

【练　法】

（1）并步站立，顶头竖项，挺胸收腹，沉肩坠肘，直腰松胯，舌舐上腭，提肛敛臀，静息凝神，鼻吸鼻呼，意守丹田。（图8–1）

（2）稍停片刻后，两臂微开，手腕内旋使掌心向下，掌与地面平行，掌尖向内，虚腋撑肘，指尖离身寸许；同时，开两脚跟，再开两脚尖，继开两脚跟和两脚尖，使脚尖向内微斜如内八字状。（图8–2）

（3）上动稍停。脚下姿势不变；双腕外旋，使掌心向上，然后缓缓由胸前托起，当托至与心口平齐时，双腕内旋，使两掌向上画弧提至耳后，掌心向前，两后臂与肩平齐，掌尖离耳寸余。二目向前平视。（图8–3）

图8-1　　　　　　　　图8-2　　　　　　　　图8-3

（4）上动稍停。身体慢慢往下蹲坐，成坐马步；同时，两掌以指尖轻触耳外缘。然后，随身体下蹲之势，双掌缓缓向前推出，两臂伸直与肩平，掌尖相对，掌心向前，虎口向下，尽力前推。目视双掌。（图8-4）

（5）上动稍停。坐马不变。两掌臂同时由前向外、向下画弧合抱于裆下体前，两臂伸直，十指弯曲，两掌尖相对，掌心向上，如搬巨石一样。目视下方。（图8-5）

（6）上动稍停。身体缓缓上起，仍保持内八字站立姿势；同时，两臂随起立之势屈肘，掌尖相对略有间隙，由下向上提起，缓缓提至与咽喉（天突穴）平齐，掌心向上，掌尖相对。目视掌尖。（图8-6）

图8-4　　　　　　　　图8-5　　　　　　　　图8-6

第一段　手把碧天擎

【歌　诀】

横肱竖臂掌托天，旋臂收拳对鼻尖。

伸直翻掌前推出，人体三焦自调练。

【练　法】

（1）下盘内八字姿势不变。两掌同时内旋翻转在体侧肩上画一平圆，掌心向上，掌尖向头部两侧，十指遥遥相对；两后臂与肩平齐，两前臂与后臂相互垂直，成托举状。目视前方。（图8－7）

注意：两掌以腕为轴相对画圆，要平而顺。双掌十指尽力向头两侧伸展，应松沉肩部。两掌有向上托举之意，十指有相吸相斥之感，应力求松柔圆顺，不可太过僵滞。

（2）上动稍停，下盘内八字姿势不变。两掌外旋，使两掌心对额，十指微屈握，成空心拳；两拳相距约半尺，前后臂垂直，两手如攀重物。目视两拳心。（图8－8）

（3）上动稍停。双拳缓缓向下拉至颊前，随即双腕内旋，双拳变掌顺势伸臂向前推出；屈膝下蹲。（图8－9）

图8－7

图8－8

图8－9

（4）两掌臂同时由前向外、向下画弧合抱于体前，前臂伸直，十指弯曲，掌尖向上，如抱巨石一样。（图8－10）

（5）身体缓缓上起，两脚仍保持内八字姿势站立；同时，两臂随起立之势屈肘，掌尖相对略有间隙，由下向上提起，缓缓上提至与咽喉（天突穴）平齐，掌心向上，掌尖相对。（图8－11）

（6）上动稍停。双腕内旋，翻掌使掌心向下，并向下按，两臂伸直，两掌下按于裆前，掌尖相对约离2寸；下盘仍保持内八字站立式。目向前平视。（图8－12）

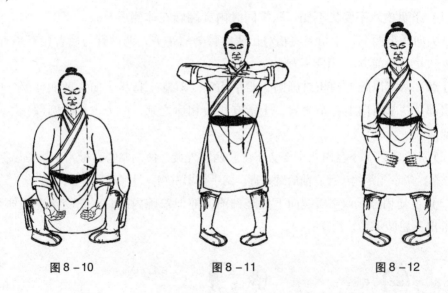

图8－10　　　　　　图8－11　　　　　　图8－12

第二段　雕弓左右鸣

【歌　诀】

吸气抬掌在胸前，舒臂射箭把弓擎。

左右齐展扩胸肌，西山悬磬虎吼鸣。

【练　法】

（1）下盘内八字站立式姿势不变；两掌由下向上提起，手腕边外旋边向上提，当提至与咽喉（天突穴）平齐时，掌心向上。（图8－13）

（2）两掌在体前交叉，两肘下垂，随即，两肘平抬，头向左转，双掌分开，右掌向右缓缓屈指后拉；左掌变剑指，缓缓向左推出，至极限时，剑指指向左前方，如拉弓式。（图8－14）

（3）稍停后，双掌复缓缓回收至体前交叉，继续做右式。右式动作与左式相同，方向相反，目视右手。（图8－15）

（4）上动稍停。身体转正，下盘姿势保持不变；同时，两臂向左右方向伸展，待臂与肩平齐时，旋腕使双掌心向前，十指自然舒张，虎口向上。（图8－16）

图8－13

图8－14

图8－15

图8－16

（5）双手腕外旋，使掌心向上，然后缓缓由胸前托起，当托至心口平齐时，双手腕内旋，使两掌向上画一顺时针立圆，两掌提至耳畔时，掌心向斜前上方，两后臂与肩平齐，屈臂，掌尖离耳寸余。（图8－17）

（6）身体缓缓往下蹲坐成坐马步；同时，两掌以指尖轻触托摸耳外缘。然后，随身体下蹲之势，双掌缓缓向前推出，两臂伸直与肩平，掌尖相对，虎口向下。（图8－18）

（7）两掌臂同时由前向外、向下画弧合抱于裆下体前，双臂伸直，十指弯曲，掌心向上，如搬巨石一样。（图8－19）

图8－17

（8）身体缓缓起立，两脚仍保持内八字站立；同时，两臂随起立之势屈肘，掌尖相对略有间隙，由下向上提起，缓缓上提至与咽喉（天突穴）平齐，掌心向上，掌尖相对。（图8－20）

（9）上动稍停。双腕内旋，翻掌使掌心向下，并向下按，两臂伸直，两掌下按于裆前，掌尖相对约离2寸；下盘仍保持内八字站立。（图8－21）

图8－18　　　　　图8－19　　　　　图8－20　　　　　图8－21

第三段　鼎凭单臂举

【歌　诀】

上托下撑单举鼎，左右互换蹲立齐。

双掌交替不离中，肝心脾肺自调理。

【练　法】

（1）双脚内八字站立姿势不变，双掌由下缓缓上提与咽喉平齐。（图 8 – 22）

（2）双手腕内旋，右掌翻转，掌心向下，五指微屈，尽力向下顺胸前按压；左掌翻转后掌心向上，五指微屈，由面部前向头顶部尽力托举，两掌背上下遥遥相对。（图 8 – 23）

（3）上动稍停。双掌猛翻，双掌心遥遥相对，目视左掌。然后，左掌顺胸前划落，右掌沿胸前上提，两掌缓缓相合于咽喉前方；同时，缓缓屈体下蹲，成坐马步。（图 8 – 24）

（4）上动稍停。随即起身，两脚仍保持内八字站立姿势不变；同时，左右掌内旋，右掌向头顶上撑举，左掌沿胸前下按，双掌背遥遥相对。（图 8 – 25）

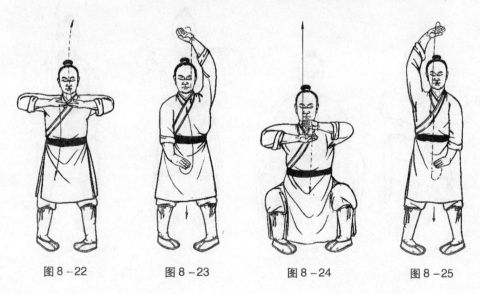

图 8 – 22　　　　　图 8 – 23　　　　　图 8 – 24　　　　　图 8 – 25

（5）前动稍停。双掌猛翻，双掌心遥遥相对，目视右掌。然后，右掌顺胸前划落，左掌沿胸前上提，两掌缓缓相合于咽喉前；同时，缓缓屈体下蹲，成坐马步。（图8－26）

（6）两掌同时外翻，缓缓向前推出，两臂伸直与肩平，掌尖相对，掌心向前，虎口向下，尽力前推。目向前平视。（图8－27）

（7）上动稍停，坐马姿势不变。两掌臂同时由前向外、向下画弧合抱于裆下体前，两臂伸直，十指弯曲，两掌尖相对，掌心向上，如搬巨石一样，目视下方。（图8－28）

图8－26

（8）身体缓缓上起，两脚仍保持内八字站立姿势；同时，两臂随起立之势屈肘，掌尖相对略有间隙，由下向上提起，缓缓上提至与咽喉（天突穴）平齐，掌心向上，掌尖相对。（图8－29）

（9）双掌稍停。双腕内旋，翻掌使掌心向下，两臂伸直，两掌下按于裆前，掌尖相对约2寸。下盘仍保持内八字站立。（图8－30）

图8－27   图8－28   图8－29   图8－30

【要　点】

翻掌时，动作要干脆利落，快而不僵。相合时，动作宜缓宜慢，掌成阴阳，掌心相对，两劳宫穴相应，两掌间有相吸相斥之感，使气息相连，通经活络。在这一段中分左右而行，动作较多，难度较大，要求较高，故而宜缓宜慢，配合呼吸，以意行气，气行双掌，久练功自出。

第四段　剑向半肩横

【歌　诀】

一手反背一手举，扭头偷窥踵呼吸。

大开天门顺胸气，鼻端吸气频调息。

【练　法】

（1）下盘内八字站立姿势保持不变；左掌缓缓向左背后插转，右掌缓缓向头顶撑举；上体姿势尽力不变，头向左转，目后视。（图8－31）

（2）上动稍停。身转正后，右掌缓缓下收向右背后插转，左掌抽出向上缓缓举于头顶上；上体姿势尽力保持不变，头向右转，目后视。（图8－32）

（3）上动稍停。身体转正，双臂向左右两侧伸展，高与肩平齐，掌心向前，十指自然舒张，虎口向上。（图8－33）

（4）双腕外旋，使掌心向上，然后缓缓由胸前托起；当托至心口平齐时，双腕内旋，使两掌向上画一顺时针立圆，两掌提至耳后，掌心向前，两后臂与肩平齐，前臂弯曲，掌尖离耳寸余。二目向前平视。（图8－34）

图8－31

图8-32   图8-33   图8-34

（5）上动稍停。步式不可移动变化，身体慢慢往下蹲坐，成坐马步；同时，两掌以指尖轻触耳外缘，随身体下蹲之势，双掌缓缓向前推出，两臂伸直与肩平，掌尖相对，掌心向前，虎口向下，尽力前推，目向前平视。（图8-35）

（6）上动稍停，坐马姿势不变。两掌臂同时由前向外、向下画弧合抱于裆下体前，两臂伸直，十指弯曲，两掌尖相对，掌心向上，如搬巨石一样，目视下方。（图8-36）

（7）上动稍停。身体缓缓上起，仍保持内八字站立姿势；同时，两臂随起立之势屈肘，掌尖相对略有间隙，由下向上提起，缓缓上提至与咽喉（天突穴）平齐，掌心向上，掌尖相对，目视掌尖。（图8-37）

（8）双腕内旋，翻掌下按，两臂伸直，两掌下按于裆前，掌尖相对约离2寸；下盘仍保持内八字站立式。（图8-38）

【要　点】

练此式时，臂肘虽云稍屈，但亦应力求伸直，此即"曲中求直"。背后插转之手，掌背紧贴上举手侧之腰部，掌要平。初习时，上体可随势左右旋转，待习练日久，旋转幅度会越来越小，颈部活动范围会越来越大，头颈旋转会更灵活自然。

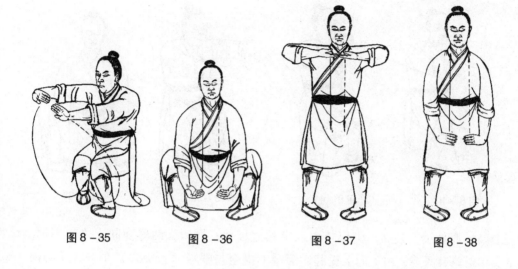

图 8-35　　　　图 8-36　　　　图 8-37　　　　图 8-38

第五段　擒纵如猿捷

【歌　诀】

蹲身双拳如推山，反复三回发声健。

推出收回用绵力，矫健纵放捷如猿。

【练　法】

（1）双掌由下经胸前提至咽喉前时，双掌变拳紧握。然后，屈体下蹲成坐马步；双腕内旋，使拳心向下，展臂，双拳用力向前冲击，高与肩平，力达拳面。（图8-39、图8-40）

（2）随即，双拳变掌，手腕外旋，使掌心向上，屈臂收于咽喉前（图8-41）。然后，双腕内旋，握拳向前冲击，如此3次。

图 8-39

（3）当双掌收回于咽喉前时，翻掌向前缓缓外推，两臂伸直与肩平。（图8-42）

（4）两掌臂同时由前向外、向下画弧合抱于裆下体前，前臂伸直，十指弯曲，掌心向上，如搬巨石一样。（图8-43）

图 8 - 40　　　　图 8 - 41　　　　图 8 - 42　　　　图 8 - 43

（5）身体缓缓起立，仍保持内八字站立姿势；同时，两臂随起立之势屈肘，掌尖相对略有间隙，由下向上提起，缓缓上提至与咽喉（天突穴）平齐，掌心向上，掌尖相对。（图 8 - 44）

（6）上动稍停。双腕内旋，翻掌下按，两臂伸直，两掌下按于裆前，掌尖相对约离2寸；下盘仍保持内八字站立。（图 8 - 45）

（7）上动稍停。当双掌由下经胸前上提至与咽喉（天突穴）平齐时，双掌十指自然交叉。然后双腕内旋，使双掌掌心向上，双臂缓缓向头顶上尽力举起。目视双掌背。（图 8 - 46、图 8 - 47）

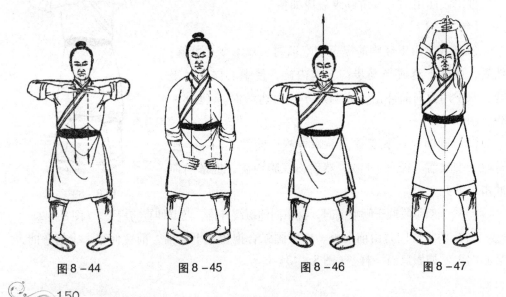

图 8 - 44　　　　图 8 - 45　　　　图 8 - 46　　　　图 8 - 47

【要　点】

双掌交叉上举时，动作宜缓宜慢，有托举之意，亦含顶撞之劲意。双臂尽力伸展，双掌尽量用力，力达双掌根，掌心微外吐。

第六段　威严似猛虎

【歌　诀】

叉指上举掌托天，低身俯腰手着地。

旋掌握踵三次毕，起身收掌固腰力。

【练　法】

（1）下盘内八字姿势不变，双掌仍然保持十指交叉。身体弯曲向下俯身，双掌外旋随体下俯，按压至地面双足之间。稍停顿，双掌自然分开，仍掌心向下，顺脚尖沿脚外侧向后摸至脚跟处，然后再逆转回至原处。（图8－48）

（2）稍停顿后，身体缓缓上起；双掌翻转，掌心向上，上提至与咽喉（天突穴）平齐。（图8－49）

（3）屈体下蹲成坐马步；双掌内旋翻转，掌心向外推出，两臂伸直，掌尖相对（图8－50）

（4）两掌臂同时由前向外、向下画弧合抱于体前，两臂伸直，十指弯曲，掌心向上，如搬巨石一样。（图8－51）

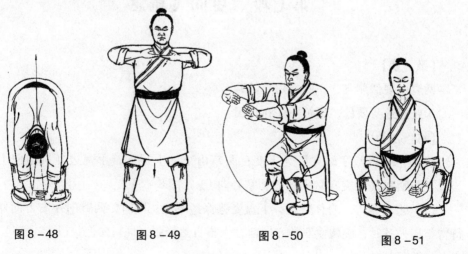

图8－48　　　　图8－49　　　　图8－50　　　　图8－51

（5）身体缓缓上起，下盘仍保持内八字站立姿势；同时，两臂随起立之势屈肘，掌尖相对略有间隙，由下向上提起，缓缓上提至与咽喉（天突穴）平齐，掌心向上，掌尖相对。（图8－52）

（6）上动稍停。双腕内旋，翻掌下按，两臂伸直，两掌下按于裆前，掌尖相对约离2寸；下盘仍保持内八字站立。（图8－53）

【要　点】

初习此功时，由于肢体柔韧不够，可下按至膝，双手分左右摩膝；如果患有风湿或类风湿膝关节炎，久练此式定可活动自如。

图8－52　　　　图8－53

随着习练日久，自可渐至地面。唯在膝部时，以手摩触膝眼穴、阳陵穴为佳。可逐步及三里穴、丰隆穴、昆仑穴等相继施为，逐渐行之，其效更佳。

习练时，一定要缓慢，不可过快；双掌应尽力下伸，但不可上下起伏，高血压病症者更应注意，切记！"双手绕足行"是指左手绕左足，右手绕右足，双手可抱足前或足后，视自身功力而定，不可强行练习。

第七段　更同飞燕急

【歌　诀】

两臂一展似燕飞，左右斜翅翼翩翩。

十趾抓地身要稳，凝神下注在丹田。

【练　法】

（1）下盘内八字站立姿势不变；两掌由下向上提起，手腕边外旋边向上提，当提至与咽喉（天突穴）平齐时，掌心向上。（图8－54）

（2）上动稍停。身体转正，下盘姿势保持不变；同时，两臂向左右方向伸展，待臂与肩平齐时，旋腕使双掌心向前，十指自然舒张，虎口向上。（图8－55）

（3）双手腕外旋，使掌心向上，然后缓缓由胸前托起；当托至心口平齐时，双手腕内旋，使两掌向上画一顺时针立圆，两掌提至耳畔时，掌心向斜前上方，两后臂与肩平齐，前臂弯曲，掌尖离耳寸余。（图8－56）

图8－54　　　　　　　图8－55　　　　　　　图8－56

（4）身体缓缓下蹲坐成坐马步；同时，两掌以指尖轻触耳外缘，随身体下蹲之势，向前缓缓推出，两臂伸直与肩平，掌尖相对，虎口向下。（图8－57）

（5）两掌臂同时由前向外、向下画弧合抱于裆下体前，双臂伸直，十指弯曲，掌心向上，如搬巨石一样。（图8－58）

（6）缓缓起立，两脚仍保持内八字站立姿势；同时，两臂随起立之势屈肘，掌尖相对略有间隙，由下向上提起，缓缓上提至与咽喉（天突穴）平齐，掌心向上，掌尖相对。（图8－59）

（7）上动稍停。双腕内旋，翻掌使掌心向下，并向下按，两臂伸直，两掌下按于裆前，掌尖相对约离2寸；下盘仍保持内八字站立。（图8－60）

【要　点】

此式之双掌要尽力向左右伸展，要松肩虚腋，不可僵滞，更不可抬肩耸肩；身体正直，不可前俯后仰。双臂微向后仰，具有开胸舒肺、顺气通经之效；两臂外张直接牵动手三阴和三阳经脉，并且使背部肌肉群得到锻炼，从而使头项肌亦有所发展，直接作用到脑后玉枕和夹脊二关。十指外伸展，须用暗劲，不可用僵劲。

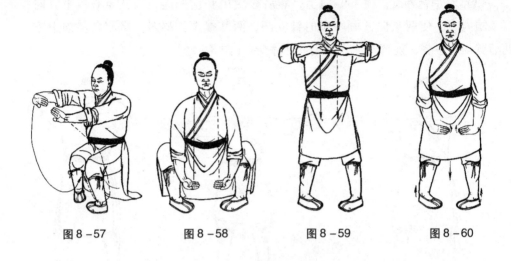

图8-57　　　　　图8-58　　　　　图8-59　　　　　图8-60

第八段　　立马告功成

【歌　诀】

两踵提悬膝内扣，下沉仁立在脚尖。

起落犹如背七颠，百病不生永康健。

【练　法】

前脚掌着地，脚跟离地抬悬，两掌内翻，掌心向上，抱于膝前；缓缓下蹲，保持姿势不变，用脚前掌为力点支撑身体平衡，用力下蹲3次。目向前平视。（图8-61）

上式做完后，仍保持姿势不变，轻闭双目，调匀气息；然后，双臂缓缓放至体侧，略走动数次。接着，左右踢脚，左脚向右侧踢，右脚向左侧踢，左右各踢十余次。再向左右外摆踢腿，各摆踢十余次。做完踢腿后，两手前后甩动十余次。最后，调匀呼吸，收功。

图8-61

【要　点】

（1）这套八段锦功法动作难度较大，习者根据自身条件，可选其中的一二段进行锻炼。初习时，姿势可放高点，待有了一定的基础，放低架式，但呼吸和意念要领不能变。初习时，如不能很好地配合意念和呼吸，就只先练动作，以动作引导呼吸，练习久了，自然浑元一体。

（2）这套功法与其他功法不同之处是时时注意呼吸，刻刻留意意念。意识活动贯串于整个功法之中。意念活动不可太过，亦不可不及，自己在实修过程中应逐步调节，以适中为度，似有似无。

（3）读者在修习时，对传统中医针灸学稍加涉猎，明白人体十二经脉和奇经八脉循环之理，并对人体气血循行有常识性了解，更有利于实修。

（4）下盘脚位的内八字桩是本套八段锦最独特之处，这一点值得学习者注意，不可任意更改。脚位的角度可逐渐调整到标准，不要过于死板，总之，只要自我感觉良好就行，能锻炼好身体就是良方。

 道家隐真八段锦

隐真八段锦，为濒临失传的一套道家八段锦秘传真功。其练法舒缓柔绵，悠连不断。

【总　诀】

双掌托天理三焦，两臂舞转消五劳。

攒拳推山肺心调，心火得消往后瞧。

海底探月固腰肾，顺风开弓逞英豪。

左右盘膝舒经络，背后七颠百病消。

预备式

一、扭腰晃膀

【歌　诀】

扭腰晃膀要自然，关节松动软如绵。

上虚下实脚抓地，调息会神守丹田。

【练　法】

（1）两脚平行分开，与肩同宽或略宽一些；两掌下垂腿前，掌心向后。虚灵顶劲（运用虚灵自然的上顶暗劲，切忌硬挺颈部），沉肩含胸，全身放松。呼吸自然，意守丹田，舌尖轻舐上腭。（图9-1）

（2）以腰为轴，左右扭转身躯；同时，两臂亦随躯干摇动。屈右膝时，右臂微上抬；屈左膝时，左臂微上抬。（图9-2、图9-3）

图9-1

图9-2

图9-3

此外，还有两种简易练法：其一"凤凰卸膀"，即屈右膝，右臂随之向下松落，左臂微上抬；屈左膝时，左臂随之向下松落，右臂微上抬。其二"钟摆式"，两臂自然伸直，在保持高度放松状态下，同时向左右摆动。

【功　效】

此式动作非常柔和，为即将正式开始的每一个单式做好运动准备；而每两式中间做预备式，还兼有着对上一单式做整理活动的作用。

活动全身关节，使内脏器官有节律性地轻度自我按摩，能清除瘀血，改善血液循环及营养，因而提高其功能，起到相应的保健效果。

上虚下实和气沉丹田，可矫正头重脚轻、步行蹒跚等上实下虚的病态，对高血压病的防治也有效。

【要　点】

要特别注意关节及肌肉放松，尤其是肩部的高度放松（俗称"脱肩"或"卸膀"，胳膊松到似乎要从肩上掉下来），这样上体才能保持松柔，也就是做到上虚。两脚要交替变换虚实。实脚（负担全身重量或大部分体重的脚）宜轻轻抓地，也就是做到下实。

初练阶段，头摇摆幅度不宜过大。动作要缓慢均匀，平心静气，呼吸自然。

熟练后，两脚距离和下蹲程度都可渐渐加大。

二、踵呼吸

【歌　诀】

吸气收腹若腾云，脚跟提起宜正身。

呼气腹松脚跟落，气血随势亦下沉。

【练　法】

（1）右腿向左腿并拢；同时，右臂亦随右腿向左移，两掌在腹前交叠，右掌按在左掌背上。（图9-4）

（2）两臂自两侧上举，掌尖向上，掌心向前；同时，脚跟抬起，做深长呼吸。（图9-5）

（3）两臂在体前自然下落；同时，两脚跟亦随之下落，做深长呼吸。（图9-6）

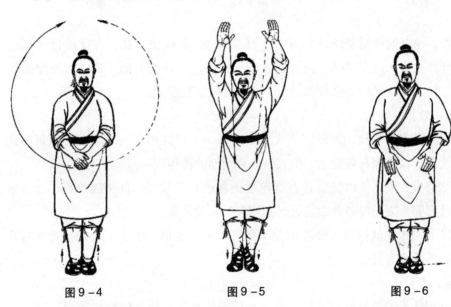

图9-4　　　　　　　　图9-5　　　　　　　　图9-6

【功　效】

减轻心血管负担，减轻疲劳，镇静心神。此式动作较舒缓，结合吸气时脚跟的提起，小腹会自然收缩，再加上吸气时横膈膜下降，腹内压的变化就较平时深吸气时增大很多。呼气时，由于脚跟的落地踏实，小腹有意识放松，又加上横膈膜的上升，则腹内压较一般深呼吸时又减小很多。腹内压的巨大变化，对促进下肢及腹腔静脉血的回流，以及腹腔脏器的瘀血消除和对腹腔新鲜血液的供应都有较大作用，可以补足运动时消耗的氧气，并给下一单式做好运动前的氧气准备。

【要　点】

此深呼吸与扭腰晃膀运动的纯自然呼吸不同。由于较一般深呼吸时腹压变化大，因而，在呼气时腹腔中闭塞的小血管开放也较多。所以，气（即小血管开放时的温热感）沉的感觉也较明显，故较一般深呼吸法更容易做到气沉丹田。

【按】

此功每段练习前，皆做预备式。除第一段（双掌托天理三焦）仅做预备式一、二外，其他各段练习前，皆按预备式二、一、二的顺序进行。这是隐真八段锦的特点之一，也是优点之一，非常合乎生理规律及循序渐进的原则，使练习者不至于很快产生疲劳感。

第一段　双掌托天理三焦

【歌　诀】

双掌托天理三焦，含胸拔背臂前伸。
扩胸展臂侧平举，两手上托血气沉。

【练　法】

（1）接上式，两脚开立与肩同宽，全身放松，头往上顶，双目微合，舌尖轻舐上腭；双臂垂于体侧，双掌尖贴于两大腿外侧并微屈，腹部微收，膝微挺。（图9-7）

（2）两掌分别伸向身后，自两胁旁向前上穿出成前平举。在前伸的同时，掌心由向上（仰掌）徐徐翻掌向下（俯掌）。（图9-8、图9-9）

两掌极力前探后，两臂缓缓后振扩胸若干次。

（3）两臂平移侧方成侧平举，此时变成仰掌（图9-10）。两臂缓缓后振扩胸若干次。

图9-7

图9-8   图9-9   图9-10

（4）两掌举至上方，掌心向上成托天状，脚跟缓缓抬起。（图9-11、图9-12）两掌极力上托，然后两臂微屈放松，脚跟放下，反复数次。

（5）双掌缓缓下按至腹前，掌心向下；同时，左脚内收与右脚并立。目平视前方。（图9-13）

图9-11   图9-12   图9-13

【功　效】

利用上肢运动，增进胸腔内脏的机能。尤其在双手上托时，能使肺下部及横膈膜运动增强。由于横膈膜运动增强，此式确实有强呼吸、助消化、宣通气血津液和助排泄的作用。

【要　点】

伸臂不可成僵直状态，动作要具有弹性。这样可保持运动的灵活和气血畅通无阻。

第二段　两臂舞转消五劳

【歌　诀】

两臂舞转消五劳，一上一下要协调。

眼随手运贵心专，转轴胳膊须注腰。

【练　法】

（1）承接预备式之后，先将右脚向右方迈出，双足距离约是自己的三脚宽。（图9－14）

（2）右掌向右方运转，扭转前臂，使掌心由向里随之转向右方，并向右运出；左掌经腹前，向右上方画弧至右肩腋前，掌心向里。此时，成右弓步，身体重心移于右腿。（图9－15）

（3）左转身成左弓步，左掌由脸前（高不过眉）运转至左方前伸；右掌经腹前向左上方画弧至左肩腋前，掌心向里。此时成左弓步，身体重心移于左腿。（图9－16）

图9－14

图 9 – 15

图 9 – 16

如此左右反复运转若干次。以腰为轴，身向右转时，眼看右掌；左转时，眼看左掌。并要保持两肩松开，腋窝虚空，使气血下沉。

（4）腰微转向右，成右弓步，同时两臂随之向右摆，右掌在上，掌心向下；左掌在下，掌心向上。（图 9 – 17）

（5）腰微转向右，右臂随转身继续向右伸展；左掌同时平屈胸前。（图 9 – 18）

（6）动作不停。左后转身，成左弓步；两臂亦随身旋转，右掌在上，左掌在下。（图 9 – 19）

图 9 – 17   图 9 – 18   图 9 – 19

（7）右掌向下旋，左掌上旋；同时，屈坐右腿，左腿变虚，脚尖略跷。（图9－20）

（8）腰微向左转，左掌随同腰转继续画弧，掌心向右；右掌亦随同腰转继续画弧，掌心向上，两掌成抱球状；同时，屈左膝成左弓步。（图9－21）

（9）腰继续微向左转，左臂随转身继续向左伸展，掌心向下，右掌平屈胸前。（图9－22）

图9－20

图9－21

图9－22

（10）上体右转、左脚略内收的同时，两掌随转体向下画弧，右掌至右腰腹前，左掌至左胯内侧时停住，两掌仍成抱球状。（图9－23）

（11）动作不停。左脚向右脚内侧收成并步的同时，两掌左右分开向头顶上方画弧举起。（图9－24）

（12）两掌如抱球状下收于面前，犹如抱托自己的面部。（图9－25）

注：反复练习图9－24、图9－25动作3遍后，进入下一动作。

（13）两掌自然下落，身体亦随之下蹲；手臂向上时，身体亦随之直起。这样，反复轮转手臂若干次。（图9－26、图9－27）

图9－23

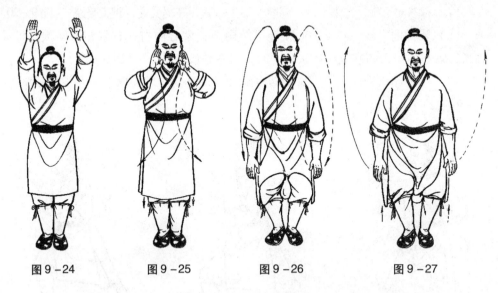

图9-24　　　　图9-25　　　　图9-26　　　　图9-27

（14）伸膝直立；同时，两臂左右抬起，成侧平举。（图9-28）

（15）两臂下落画弧，在体前交叉；同时，屈膝下蹲。（图9-29）

（16）动作不停，交叉的两掌在身前提起至额前。（图9-30）

（17）两掌分展向左右下落收于体侧，调匀呼吸。（图9-31、图9-32）

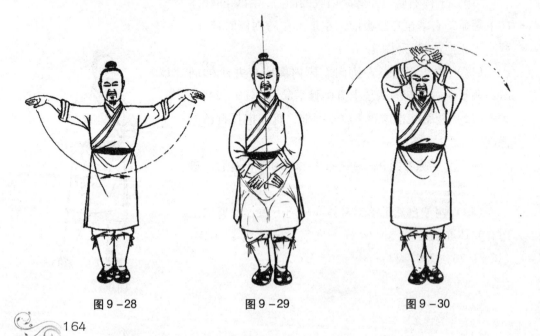

图9-28　　　　　　图9-29　　　　　　图9-30

图 9－31　　　　　　　　　　　　　　　图 9－32

【功　效】

（1）因为人的五脏六腑都与脊髓和脊柱两旁的自主神经相关连。此式使脊柱得到直转运动，给脊髓神经及自主神经以良性刺激，使脏腑机能增强，并能活动全身关节，防治关节炎、高血压病、心脏病及神经衰弱效果较好。

（2）此功是全身运动，尤其颈、腰椎及上下肢的活动，不仅锻炼了颈部的肌肉、关节及腰和上下肢的灵活性，而且对胸廓也起到一定的作用。此功亦有助血液的循环，大量供给脑新鲜血液，增强了脑的机能，同时对腰部疾患也有一定的防治作用，并有助于督脉与膀胱经的畅通。

（3）活动肩、膝等关节，并增强腿力。年老体弱者因腿力不够，往往感到蹲起困难，甚至去厕所都成为很痛苦的事。如果能认真练习此式，对蹲起机能的维持，具有良好的效果。全蹲有助于促进大腿和腹腔静脉血的回流及盆腔的瘀血消除，也是很好的心脏功能练习。蹲起练习对脑的血液循环及其生理机能的维持和提高也是有益的。一般体弱的人，维持蹲的姿势时间稍长，站起时往往眼前发黑，感到头晕，甚至会晕倒在地。这是因为在下蹲状态时腿部及腹腔的一部分血液，被挤到胸腔和头部，站起时因腹压减小和地心引力的作用，使上体的血突然减少，形成暂时的脑贫血，而引起头晕眼花症状。经常练习此段，脑调整血液的机能得到增强，对美尼尔氏症的防治亦有一定效果。另外，很多腰部损伤的原因是由于搬东西时屈腰太大引起的，此段下蹲时，腰部保持正直，习惯用此种姿势搬物时，腰部所受杠杆力小，腿部又分担了一些力量，对腰伤的预防可起一定作用。

【要　点】

手臂下落与蹲身要一致。身体不可前俯后仰，左右歪斜。动作要轻柔，如花瓣纷纷落地状。下蹲或立起，又像铁链节节下落，或节节提起。体弱者下蹲可高些，但宜随着体质的增强而逐渐加深，直至能全蹲最佳。

第三段　攒拳推山肺心调

【歌　诀】

攒拳推山肺心调，外刚内柔十分妙。

肩要催肘肘催拳，沉稳松静逍遥貌。

【练　法】

承接预备式之后。

（1）左脚向左方缓缓横开一步，迈步时着地脚负担体重，两脚距离较肩略宽，两腿下蹲为骑马步；同时，两拳在肋下松握，拳心向上。（图9-33）

（2）右拳向左前方击出，到达终点时极力握紧，拳眼向上。（图9-34）

（3）右拳放松，抽回原处，拳心向上；左拳向右前方击出，到达终点时极力握紧，拳眼向上。（图9-35）

（4）收左拳抱腰，成骑马蹲裆式。（图9-36）

图9-33

图9-34　　　　　　　　图9-35　　　　　　　　图9-36

如此左右拳反复击出 36 次或 72 次，视自己体力而行。

【功　效】

锻炼腿臂力量，增强肝肺功能。

【要　点】

此段初练时，可蹲高一些，逐渐下蹲加深，但膝弯不宜小于 90 度。腿臂注意避免僵硬，要注意沉肩，以脚蹬力，通过腰臂直达拳面，可以借助鼻喷气发力以助拳威。

第四段　心火得消往后瞧

【歌　诀】

心火得消往后瞧，强身益气柔且矫。

停身凝视后脚跟，功到年老显奇效。

【练　法】

承接预备式之后。

（1）右脚尖外摆之际，左脚提跟靠近右脚内侧，前脚掌点地成虚步；同时，

167

两掌亦随之右划如抱球状。（图 9 – 37）

（2）左脚向左方迈出一大步，两脚距离较肩略宽，成左弓步；同时，两掌下垂，随身躯向左运转。左手拇指与其他四指并拢成勾手至左臀后；右掌护顶成亮掌式，掌心斜向前上方，扭头目视左后方。（图 9 – 38）

（3）向右后转身，两臂下垂亦随身旋转。右掌成勾手，旋至右臀后；左掌护顶，掌心向前上方；同时，成右弓步，扭头目视右后方。（图 9 – 39）

注：如此左右反复往后瞧 8 ~ 12 遍。

图 9 – 37

图 9 – 38　　　　　　　图 9 – 39

【功　效】

此段主要锻炼腰、腹、胸、背等肌肉，是较和缓而有实效的体回旋运动，可增强脊椎、肋骨各关节的活动范围，促进胸腔的血液循环，增强胸壁的柔软性及弹性。因而对老年性肺气肿有疗效，并能强身益气。

【要　点】

练功时呼吸要自然，不要憋气，若身体情况许可，拧身后看宜稍停顿数秒。

体弱者可骑在板凳上旋体如上法，亦可得到同样效果。

第五段　海底探月固腰肾

【歌　诀】

海底探月固腰肾，屈伸升降舒背筋。

体态轻松堪自逸，切勿拘束勉强行。

【练　法】

承接预备式之后。

（1）两臂右摆，右掌高举，左掌护右腋；同时，右腿独立，左腿屈膝上提。（图9－40）

（2）下蹲，向左前方或左侧方伸直左腿，左脚跟着地；同时，伸背松腰，右臂前探，以掌尖触及左脚尖或左脚心。（图9－41）

（3）上动稍停。重心前移，成左弓步；两掌握拳在胸前交叉，左拳在下，右拳在上。目视右拳前方。（图9－42）

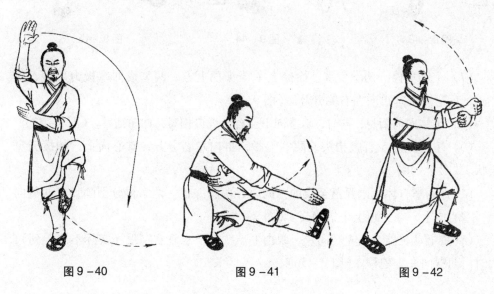

图9－40　　　　　　　图9－41　　　　　　　图9－42

（4）收回右腿，两臂左摆，左掌高举，右掌护左腋；同时，左腿独立，右腿屈膝上提。（图9－43）

（5）上动稍停。下蹲，向右前或右侧方伸直右腿，左脚跟着地；同时，伸背松腰，左掌触及右脚尖或右脚心。（图9－44）

（6）身体重心向右前移，成右弓步；两手握拳在胸前交叉，右拳在下，左拳在上。目视左拳前方。（图9－45）

图9－43　　　　　　图9－44　　　　　　图9－45

（7）上动稍停。两拳变掌，徐徐上举至头顶上方，两掌成仰掌极力后探，腰亦随之后弯。两掌再向左右侧分开。（图9－46）

（8）上体向前俯身；同时，双掌向下会合，虎口相对，伸向裆后。（图9－47）

（9）上动稍停。直腰抬头，两掌上举，再向左右分开，掌心向上，如拨云见天状。（图9－48）

（10）两掌自体侧画弧落至腹前；同时，两脚并拢。两掌再分别画弧自两侧向上，掌心向上，在头顶上十指相交。（图9－49）

（11）上动稍停。头先转向左，眼由左肩头向下意看右脚跟（实际不能看到）；同时，两臂向左方稍移。（图9－50）

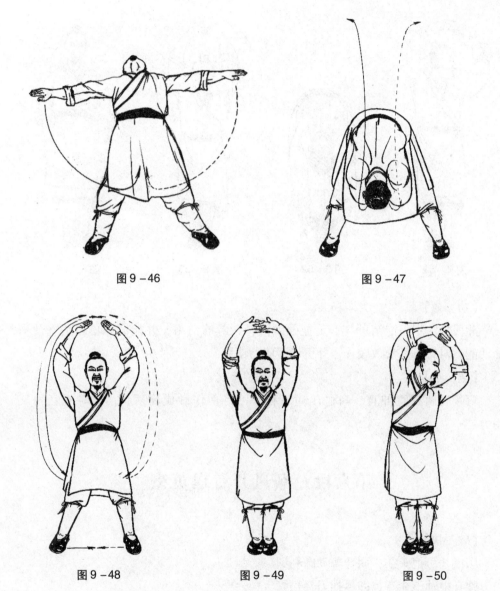

图9-46

图9-47

图9-48

图9-49

图9-50

（12）头转向右侧，眼由右肩向下意看左脚跟；同时，两臂移向右侧。（图9-51）

（13）两掌再恢复至头顶上方时，随着前俯身向下触地。（图9-52）

（14）起身伸腰举臂。继之，双掌松开手指向左右落于体侧，平心静息。二目平视前方。（图9-53、图9-54）

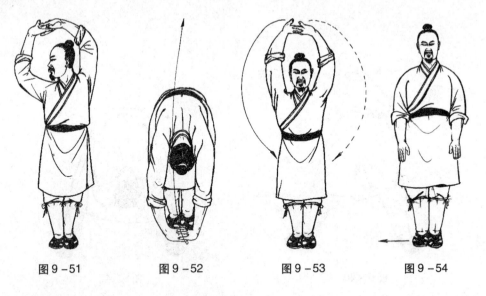

| 图9-51 | 图9-52 | 图9-53 | 图9-54 |

【功　效】

此段功法不但能清肝气，更能强腰固肾，舒筋活络，并能锻炼单腿负重及平衡功能；对胃下垂疗效较佳，并可增强腹背诸肌。

【要　点】

弯腰时两腿宜伸直。高血压病患者，可将动作做成鞠躬状，做时不宜闭气用力。

第六段　顺风开弓逞英豪

【歌　诀】

顺风开弓把头摇，两臂舞动肺利调。

腰脊中轴不能弯，卸尽拙力轻松貌。

【练　法】

承接预备式之后。

（1）右脚向右方开一大步，距离较肩宽；同时，两掌亦向右划，右掌高与肩平，掌心向下；左掌掌心向上置于右腋前，两掌似抱球之状。（图9-55）

（2）身体重心移于左腿，成左弓步；同时，左掌自腹前向左上方挑出，掌心向前。右掌变勾手，置于右臀部后侧，目视左掌。（图9－56）

（3）左掌向下画弧至右胸前，右掌同时自臀部向上方画弧至头上方；身体重心移于右腿，右膝微屈，左脚尖上跷。（图9－57）

（4）动作不停。左掌沿右臂内侧向前扑出；右掌同时下划至左腕下；上体左拥，成左弓步。（图9－58）

图9－55　　　　　　　　　　　　图9－56

图9－57　　　　　　　　　　　　图9－58

（5）动作不停。身体重心移于右腿，成骑马步；同时，右掌下收于腹前；左掌内收于下颌前，两掌成抱球状。（图9－59）

（6）左掌成剑指向左推出，右掌成剑指在胸前向右拉成开弓状。目视左剑指。（图9－60）

（7）上动稍停。左脚尖外摆，左手剑指成掌旋腕下压，右掌前移至左肘内侧。目视左掌。（图9－61）

图9－59　　　　　图9－60　　　　　图9－61

（8）动作不停。上体右转成右弓步；同时，右掌经腹前向前上方挑起，掌心向前；左掌变勾手，置于左臀后。（图9－62）

（9）右掌向下画弧至左胸腋下方；左掌同时自臀后向上画弧至头上方；身体重心移于左腿，左膝微屈，右脚尖跷起。（图9－63）

（10）右掌沿左臂内侧向前扑出；左掌同时下按至右腕下；身体向右前拥，成右弓步。目视右掌尖。（图9－64）

图9－62

（11）身体重心左移，成骑马步；同时，左掌下收至腹前，掌心向上；右掌内合至下颌前，掌心向下，两掌成抱球状。（图9－65）

（12）上动稍停。右掌成剑指向右前上方画弧，向右推出；左掌成剑指向左拉成开弓状。（图9－66）

（13）左掌自下向左、向上画弧，右掌内收，两前臂竖起，两掌成抱球状。（图9－67）

（14）下划分掌按于左右膝盖上。（图9－68）

图9－63　　　　　　图9－64　　　　　　图9－65

图9－66　　　　　　图9－67　　　　　　图9－68

（15）上身前倾，向左摇转身躯3次；再向右摇转身躯3次。摇时都要先做小圈，次做中圈，最后做大圈。（图9－69、图9－70）

（16）两脚收并下蹲，做蹲起若干次（最好做全蹲）。（图9－71）

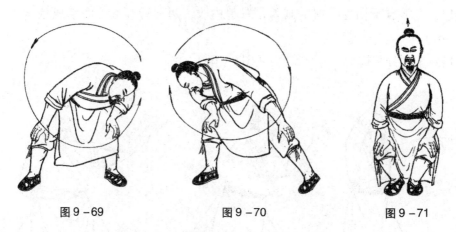

图9－69   图9－70   图9－71

【功　效】

（1）此段功法利用肢体和腰脊的拧转运动，给予腹腔脏器轻微的按摩，达到健脾胃、助消化、通经活络的作用；同时有调理三焦和舒胸顺气的作用，并具强壮筋骨、解除疲劳等功效。

（2）活动膝腰诸关节及内脏器官，以达到通经活络、健脾胃、舒活关节的功效，并能增强心肺功能、增强腿力、舒展肩胸。

【要　点】

（1）两臂摇动时，宜与下肢动作协调一致。即两手在左方时，宜成左弓步；两手在右方时，宜成右弓步。全身运动不可用力，如顺风扫叶般轻松。

（2）应缓慢摇身。在摇身时，两肩宜极力放松，才能使动作协调舒适。高血压患者摇身及弯腰的动作可做高些，亦可取消。头晕病人宜循序渐进，逐渐加大运动幅度，这样，对防治头晕有一定作用。

第七段　左右盘膝舒经络

【歌　诀】

左右盘膝舒经络，柔筋活节遍周身。

一张一弛合道理，通体舒畅存精神。

【练　法】

承接预备式之后。

（1）随意左右摇头若干次后，自左肩向后转头，意看右脚跟。（图9-72）

（2）慢慢将头转向右，自右肩头意看左脚跟。（图9-73）

（3）头回转至正中，做仰头、低头各3次。两掌分别伸向身后，自两侧胁旁穿出成前平举，手心由仰掌变成俯掌。（图9-74、图9-75）

图9-72　　　　　图9-73　　　　　图9-74　　　　　图9-75

（4）两臂由左下向右在身前同时画一小圈（逆时针方向旋转一小圈）。两臂在返回左方时，体重移于左脚；同时，右腿向右方开一大步，两臂继续画一个半大圈。画圈时，上肢与下肢协调一致。两掌在左方时，宜成左弓步；两掌在右方时，宜成右弓步。（图9－76～图9－78）

图9－76   图9－77   图9－78

（5）两臂改变画圆方向（成顺时针方向），自右下向左画弧；同时，右腿收回，身体直立。两臂继续划一个半小圈，两臂返回至右侧时，身体重心移至右腿，左腿向左开一大步。（图9－79～图9－81）

图9－79   图9－80   图9－81

（6）两臂继续画一圈半，转至左侧。（图9－82）

（7）左腿全蹲，右腿平伸；右掌向右下经右腿内侧穿出；同时，左掌变勾手，置于右臀后。目视右掌。（图9－83）

（8）右掌随起身抬至额前上方，掌心斜向上，成右弓步；同时，左掌向右方推出。（图9－84）

（9）右腿全蹲，左腿平伸；左掌向左下经左腿内侧穿出；同时，右掌变成勾手，置于右臀后。目视左掌。（图9－85）

图9－82　　　　　　　　　　　　图9－83

图9－84　　　　　　　　　　　　图9－85

（10）左掌抬至额前上方，掌心斜向上，成左弓步；同时，右掌向左方击出。（图9－86）

（11）收回右脚与左脚并拢，两掌分别按于两膝上，蹲起若干次。左右摇转膝关节若干次。（图9－87、图9－88）

（12）两臂在胸前交叉相抱，向下弯腰数次。弯腰时，两膝不可屈。（图9－89）

图9－86　　　　　图9－87　　　　　图9－88　　图9－89

【功　效】

此段功法利用肢体和腰脊的拧转运动，给予腹腔脏器轻微的按摩，达到健脾胃、助消化、通经活络的功效。

【要　点】

高血压患者弯腰幅度宜小。

第八段　背后七颠百病消

【歌　诀】

背后七颠百病消，两臂前举莫握拳。

脚跟提起深吸气，气随身落降丹田。

【练　法】

先做预备式的第一项、第二项，再做预备式的第一项。

（1）两臂放松，徐徐向前平举，两掌高与肩平，掌心向下；同时，两脚跟抬起，舌尖轻舐上腭，默念"哼"字，并做深吸气。（图9－90）

（2）两臂及两脚跟徐徐下落，舌自然放下，默念"哈"字；同时，做深呼气，并用意引气下沉至小腹。（图9－91）

如此做深呼吸7次。

【功　效】

调呼吸，通经络，活气血。

【要　点】

脚跟起落要柔和，以免使大脑受到剧烈震动。每次练习后，不管练了几个单式，皆可以此式结束。

图9－90

图9－91

插图制作

高　翔　凌　召　黄守献
高　飞　丁亚丽　郭成敏
高　霞　黄婷婷　高　绅
黄冠杰　李贡群　谢静超